中华先烈人物故事汇

张思德

军事科学院解放军党史军史研究中心编写组

学习出版社

中华先烈人物故事汇——《张思德》

主　编：邱　雷
副主编：李艳梅　陈秋波
编　委：王　冬　张容华　邢学民
　　　　王清晨　郭　宏

编　著：王　瑶

目 录

Contents

引　子

全心全意为人民服务是中国共产党和人民军队的根本宗旨。在中国共产党的队伍里，一位年轻的战士、普通的共产党员张思德，在平凡的工作岗位上，用实际行动忠实地践行了这一宗旨，成为中国共产党人的光辉典范、学习楷模。

张思德，1915 年 4 月 21 日出生，四川省仪陇县六合场（今思德乡）人。1933 年 10 月参加中国工农红军，同年加入中国共产主义青年团，1937 年 10 月加入中国共产党。生前为中共中央警备团直属警卫队战士。1944 年 9 月 5 日，在陕北安塞县石硖峪执行烧炭任务时，因炭窑崩塌不幸牺牲。

张思德 18 岁参加中国工农红军，入伍第三天就拿起武器参加反“围剿”的战斗。他多次深入敌营侦察，准确判断敌情，为作战提供了重要情报。战斗中，他英勇果敢，不怕牺牲，受到领导的称赞和战士们的好评，多次立功受奖。

1935 年 3 月，张思德随红四方面军离开川陕苏区，向嘉陵江边开进。在著名的强渡嘉陵江战役中，他泅渡“借”敌船，抢过黑水河溜索桥，勇夺敌机枪，表现出过人的胆识和英勇顽强的战斗精神。之后，随部队长征。

1935 年 6 月，红四方面军在川西北懋功与中央红军会师后，张思德两过雪山三过草地，每次总是把生的希望让给战友，把死的危险留给自己。他危险时刻泥潭救战友，部队断粮时英勇尝毒草，决战时刻请缨敢死队，留下许多感人的英雄故事。由于连续不断的作战和长征，他多次受伤。

1936 年 10 月，张思德到达陕北后调入荣誉军人学校学习和养伤。他一方面刻苦学习，一方面积极配合治疗，一有时间就帮学校做这做那，被评为模范。1937 年 10 月，张思德被组织批准加入中国共产党后，更加注重政治修养，不断要求进步。随后，调入八路军后方留守处警卫连当班长。

1940年春，张思德调到中央军委警卫营任通信班班长，除完成好本职工作外，每年都被抽去烧炭，他烧的炭最好。参加南泥湾大生产时，他带领战士们完成生产任务最多。1942年10月，中央军委警卫营和中央警卫教导大队合并为中央警备团，张思德分配到直属警卫队当战士，他愉快服从组织的安排，当了多年班长又改为当战士。在毛泽东内卫班执行警卫任务期间，他忠于职守，勤勉尽责，出色地完成了保卫中央领导、保卫毛主席的任务。

1944年7月，中共中央办公厅为党的七大召开做物资准备，指名要张思德去做烧炭技术指导，张思德愉快地来到安塞县的深山中，他组织烧炭队选址、挖窑、伐木，处处起模范带头作用，哪里最苦最累，张思德就出现在哪里，每到出炭时都争先钻进窑中作业，把危险留给自己。当烧炭队的任务接近尾声时，他又积极参加突击队。9月5日，张思德在带领战士小白挖新窑时，由于连续下雨，致使炭窑突然崩塌，危急时刻，张思德一把将战友小白推出窑口，自己却被埋在土里，壮烈牺牲。

1944年9月8日，中共中央直属机关和中央警备团在延安凤凰山下枣园沟口的操场上，为张思德同志举行追悼大会。毛泽东参加了追悼会，亲笔题写了“向为人民利益而牺牲的张思德同志致敬”的挽词，并在会上发表了《为人民服务》的著名演讲，高度赞扬了张思德完全、彻底为人民服务的崇高思想境界和革命精神，称赞他是“为人民利益而死的，他的死是比泰山还要重的”。

张思德的思想道德、理想追求和奋斗足迹，处处都体现了共产党人全心全意为人民服务的宗旨追求。全心全意为人民服务成为我党我军的根本宗旨，成为共产党人赢得战争、稳固执政、改革发展的重要法宝。也正是因为我党我军在任何时候、任何情况下，都始终坚持这一宗旨，服务人民、依靠人民、扎根人民、为了人民，才能在一切敌人和困难面前一往无前，从胜利走向胜利。中国特色社会主义进入了新时代，更需要我们秉承初心，学习张思德的精神、思想、品德，党叫干啥就干啥，兢兢业业、尽职尽责，在本职岗位上全心全意为人民服务，为实现中华民族伟大复兴的中国梦而奋斗！

01 在战斗中成长

我要当红军

1932 年 12 月，面对国民党军对鄂豫皖三省的“围剿”，由徐向前等人领导的中国工农红军第四方面军由鄂豫皖革命根据地向西转移，翻越巴山，到达川北，迅速拿下通江，攻克巴中，占领南江，相继建立了中共川陕省委和川陕省苏维埃政府。1933 年夏秋，为了进一步巩固和扩大根据地，中国工农红军第四方面军第九军和三十军分别由仪陇向马鞍，巴中向玉山、鼎山等地发起攻势，进攻驻守在营山、渠县的国民党四川军阀杨森的部队，一举解放了仪陇东边的重镇立山场，在那里建立了长胜县级苏维埃政府。红军所到之处，穷人翻身作主，打土豪、分田地，一派欢腾的景象。

距立山场不到 30 里远的六合场，众乡亲们都在争相传颂着红军打倒土豪劣绅、清算地主财产、救助百姓的好消息。

这一年，张思德 18 岁。他是多么地盼望着红军能早点来到六合场啊！可等了好几天，红军还是没来，张思德沉不住气了。他就和他的小伙伴贾登贵商量，决定去看看。第二天，没等天亮，他就约上几个同伴跑到立山场去打听消息了。

此时的立山场一片欢天喜地，到处张贴着红色的标语，敲锣打鼓，旗帜招展，口号震天，人人脸上显露着胜利的喜悦。那些昔日作威作福的地主老财，个个头戴高帽游行，向穷苦的人们低头认罪。刚刚赶到的张思德看到这些，立刻被这种从未见过的景象感染，他心想，这是一支怎样的队伍，能替老百姓仗义执言，能为咱穷苦人撑起一片天。张思德带着伙伴在人群中穿行着，他们来到一个临时搭建的高台边，看到几位年轻的红军战士正在做宣传。他聚精会神地听了好一会儿，才壮大胆子走到一位背枪的红军战士身边，小声地问道："我是从六合场来的，我来找你们的。”红军战士笑着问道：“你找我们有什么事？”张思德急着说：“我是来接你们到我们镇子去的，镇里的乡亲们都盼着你们早点去哩。”战士听了张思德的话，笑着说：“好！你等一等，我一会儿带着你去见我们的连长。”

在一个院落里，张思德见到了连长陆祯祥，陆连长正在商议扩展根据地的事。得知来了几个六合场的小伙子，便向他们详细询问了六合场的情况。张思德如同见到亲人一般，向连长讲述起这些年镇子里的恶霸地主们的卑鄙行径，把贫苦百姓水深火热的生活一五一十都告诉了陆祯祥。陆连长听后非常满意，还当场表扬了他们，张思德听了心里甭提多高兴。陆连长决定立即前往六合场开展工作。当天，连长带一路人马，由张思德带路，赶往六合场。

六合场是个不大的镇子，镇中央有个大戏台，这里是乡亲们节日看戏、平常聚会的地方。消息传得真快，六合场的乡亲们听说张思德把红军领来了，便早早地聚集等候在这里。张思德领着陆连长和部队一到，乡亲们就像等待亲人一样，立刻把他们围了个里三层外三层。陆连长登上戏台，向乡亲们介绍红军来这里的任务和目的，并希望乡亲们多支持，积极参与。晚上，陆连长找来镇里的几位开明人士和穷苦人代表，商议成立六合场苏维埃的事宜。那一晚恰逢中秋佳节，月亮分外明亮，整个六合场镇沉浸在一片欢庆喜气的氛围中。

六合场苏维埃政府很快成立了，保卫人民政权的工作陆续开展起来。游击队、少年先锋队、儿童团，一个个群众组织迅速组建，解放了的人民群众热情高涨，纷纷投入火热的革命运动中。张思德被选为六合场少先队队长，他浑身总有使不完的劲，带领少先队员们站岗放哨，帮助做些勤务工作。

每天，张思德头戴八角帽，身穿粗布衣，手执梭镖枪，精神抖擞地站在苏维埃政府门前执勤。张思德的母亲每当路过这里时，总要停下脚步来多看几眼，看看她那懂事的“谷娃子”，心里有一种说不出的欣慰。

张思德站岗时很认真，没有任务时也闲不住，他手脚勤快，时而帮着推磨劈柴，时而拿起篾条为红军编斗笠，他一边帮忙干活一边缠着红军同志问这问那，战士们总是耐心地为他讲解。张思德也似懂非懂地了解了一些革命道理，然后，他又当起了小老师，把学到的道理讲给少先队员们听。

当一名红军战士一直是张思德梦寐以求的事。陆连长带着队伍来到六合场的当天，张思德就向陆连长提出过要求，陆连长说：“你得先学会写革命标语，才能当红军。”于是他跟着陆连长学会了写“打土豪，分田地”“一切权力归苏维埃”“清算地主血债，人民当家作主”等标语，学会了，还教给小伙伴。他再找陆连长时，陆连长又说：“你现在是少先队队长了，要先把少先队的事情办好，这是对你的实际考验。”张思德的少先队队长干得很出色，又跟陆连长提当红军的事时，陆连长却笑了说：“你是个好样的，一定能当个红军好战士，等到‘扩红’的时候，我忘不了你。”可真到了“扩红”的时候，陆连长他们又调走了。

张思德现在只能盯着乡苏维埃政府主席肖乾国了。一天，他刚执勤完就去找肖主席：“肖主席，这次当红军，第一个就得是我的。”肖主席笑了笑算是作了回答。

那些天，他一有空就跟着“扩红”宣传队做宣传活动，手里提着水罐子，不断地给那些红军宣传员倒水喝。他还跟贾登贵等几个小伙伴说：“我这次一定得去当红军，红军才是穷人的主心骨，没有红军就镇不住那些白狗子、还乡团、大刀会。你们也得报名。”

报名那天，张思德果然挤在最前面。登记的红军问：“你叫什么名字？”旁边的人都起哄喊：“叫谷娃子，谷娃子！”张思德也说：“对，快写啊，谷娃子。”红军战士抬头说：“这几个字怎么写？”张思德给他比画着，忽然又纠正说：“不对，不对，应该写大名，我叫张思德。”贾登贵就笑话他，高兴得昏头了吧。

报名的人很多，能不能去当红军，还要等乡苏维埃政府审查决定。于是，张思德又不放心，他再找到肖主席，恳请道：“肖主席，我是第一个报的名，你得给我保证。”肖主席点点头，又说：“回去看看你母亲吧，那天她碰到我，说你许多日子都没回家了。”

张思德这才想起来，是得赶快回去陪陪母亲了。自打红军来到六合场，张思德就一直在乡苏维埃政府里忙活，为了有任务行动方便，他在偏屋里放了一个草铺，忙晚了就在那里打个盹。母亲刘光友到乡政府来找过几次，他不是在巡查就是搜浮财去了。他飞快地往家跑，回到那个草棚子的家时，柴门掩着，他推门叫了几声，没人答应，见母亲不在，他又往回跑。

这时母亲也在到处找他。先去报名站，有人告诉她："你家谷娃子报名了，是第一个。"自从谷娃子当上了少先队队长，天天风风火火的，她觉得很光彩，走在人面前都不由自主地抬起头挺起胸。可一连几天见不着人影，便担心了起来，那些狗地主心狠着呢，谷娃子能斗过他们的心眼吗？她老怕谷娃子会吃亏。现在"扩红"了，她知道谷娃子一定要去当红军的，要走了，也不能不告诉妈一声呀！她又跑到乡政府那个大院，也没找着，接着就在场上找。场上人很多，闹哄哄的，周围村子里的人都来了，报名当红军的青年和他们的家人，一拨接一拨，还有一些看热闹的。刚刚扬眉吐气的川北山民在这里充分地展现着他们热情豪放的本性。

张思德是在场上碰上母亲的。一见到母亲就迫不及待地说："妈，我报名了。"妈说："我知道了。"张思德扶着母亲一块回到家中，坐下后，他又没话可说了，低着头看着双脚，好一会儿才说："妈，等打败了国民党，我会回来陪你的。我种田养你。"

"妈知道，妈懂。"母亲坐在对面光看着他，也没话。

回到这个草棚子家，张思德刚才的兴奋劲一下子凉了许多。自妹妹前年生病死后，一家人就只有他们娘儿俩了，他再一走，就剩母亲一个人了。可他又不能不去当红军啊！他不知该怎么安慰母亲，抬起头，叫了声："妈……"话未出口，眼泪就像断线的珠子滚了下来，辛酸的往事再一次涌上心头……

1915年4月21日，农历"谷雨"节气，家住六合场韩家湾的佃农张行品家又添了个男孩，生母生下他后就得病，没一滴奶水，父亲只好用一把谷子捣碎熬成米糊糊来喂他，他就是靠着这把谷米糊糊艰难地活下来的，于是便有了“谷娃子”这个乳名。谷娃子 7 个月大时，生母撒手而去，父亲张行品无法照料，只好把谷娃子过继给弟弟张行忠和弟媳刘光友家抚养。谷娃子在张氏家族中排行“思”字辈，叔叔婶婶请人给他起了个大名，叫张思德，意思是永远记住别人的恩德。从此，张思德就叫叔叔为爹，婶婶为妈。

张思德 6 岁便跟着养父养母下地干活，娘上坡种豆，他就在后面点种；娘下田割谷，他就跟在后面拾穗。张思德到了读书的年龄，养父母拿出压箱底的积蓄，为他交了一年的学费。懂事的小思德念完了一年的私塾后，便把求学的想法埋在了心底。养父母家中还有一个比张思德小 3 个月的女娃小桂香，更需要悉心照料。

有一年，养父母想跟穷苦的日子再搏一搏，就从大地主范有万手中佃了几亩地来种，辛辛苦苦地干了一年，眼看有个好收成了，可等稻谷一上场，地主就带着人把谷子拿走了一多半，剩下的一点点一家人连口粮都难以为继，还威胁说明年不再佃了，要把他们刚刚务肥的地收回。这真是欺人太甚！本来身体就十分虚弱的养父气愤至极，口吐鲜血，倒在了灶台边，不久便离开人世。那年张思德12岁。

养父去世后，是养母拉扯两个年幼的孩子艰难地生活着，后来妹妹又得病，没等熬到开春，就在这个草棚里咽下了最后一口气……“我这一走……”张思德不忍再往下想了！

“好孩子！别哭，你当红军了，妈高兴，高兴！你能干大事，妈高兴！”是母亲把他从痛苦的回忆中拉了回来。

母亲帮他擦完眼泪，又从草铺旁拿出3双草鞋：“妈早给你预备了，妈没别的东西让你带，这几双鞋路上用。”

张思德接过3双编得又细又软的偏鼻草鞋，眼泪再一次止不住地往下掉！

这天晚上，张思德是抱着这3双草鞋睡的觉。母亲就在他身边坐了一夜。天亮前张思德醒来，朦朦胧胧地见母亲还坐在旁边，忙起身，这才发觉母亲一直紧紧地攥着他的手。

1933年10月的一天，“扩红”的新兵在立山镇集中，就要离开家乡去部队了，母亲也来到欢送亲人的人群中，她没有来到新兵队伍前面，而是站在远远的地方看着他们。张思德不停地四处张望，当他望见母亲并向母亲挥手时，母亲在人群中也向他不停地挥动着手中的那根竹棍。张思德的眼睛顿时模糊了起来，母亲的影子也渐渐地模糊了起来……

首战获赞

1933 年 10 月底，经过短暂的集训，张思德被编入长胜县独立团第二营，在营部任通信员。当时，四川军阀刘湘被蒋介石任命为四川“剿匪”总司令，他纠集四川各派军阀部队，分 6 路围攻川陕苏区，企图在 3 个月内将红四方面军消灭于川陕境内。为粉碎敌人的“六路围攻”，红军第四方面军在四川北部发起了奋力反击。张思德来到独立团的第三天，就拿起武器加入了战斗。

当时长胜县内就一个独立团驻守。国民党地方武装600多人，在民团团长胡子贞的指挥下，进犯六合场东边的瓦子场苏区，一天就进占了好几个村子。长胜县红军指挥部和县独立团命二营组织反攻。为摸清敌人情况，营长聂绍红把张思德等4人叫去，命他们分为两组先进瓦子场侦察。聂绍红是仪陇本地人，对张思德在少先队的表现很了解，让张思德当通信员就是他挑选的。他特别叮嘱说，进去就是了解情况，摸清敌人的兵力部署就赶快回来，决不允许和敌人硬拼。

张思德等4人很顺当地就进了瓦子场。张思德背着一筐木炭到各处侦察，走着走着遇到民团的团丁用枪顶着不让他过，他就拐弯，转另一个地方，很快把场子转遍了。他心里记着，凡遇团丁不让过的地方，肯定住着兵。路过一个大院时，见门口站着4个岗，张思德想，这肯定是个重要的地方，就故意踉跄一下，把背筐里的木炭撒出来，想趁捡木炭的时机观察大院里的情况。这时，一个民团头目走过来："嘿，木炭。快给老子送过去。"张思德假装要跑，那头目一把抓住："往哪跑，小崽子，爷爷就看上这烤火炭了，给我背进去。”张思德跟着进了大院，放下木炭，装着跟他要钱，把大院里的情况看了个仔细，认准了这就是民团团部。

等到一切侦察清楚，张思德不动声色地撤了出来，向营长详细地汇报了情况。反攻开始了，聂营长带领部队冲进了瓦子场。张思德领路，直扑民团团部，很快就端了胡子贞的老窝。可惜胡子贞跑了，没有抓住。

不几天，被打散的敌人又纠集起来，在瓦子场苏区的福禄寨集合，企图再攻瓦子场。团长命令二营，一定要设法歼灭这股民团，不能像上次那样赶跑了事。

聂营长带着张思德来到福禄寨察看地形。那寨子在高坡平坝上，坝子前一大块开阔地，易守难攻。营长决定诱敌下山，再设法围歼。

这天下午，太阳快落山时，号声吹响，全营紧急集合。部队呼呼啦啦地分成两路，向长胜方向跑步前进，一路吆吆喝喝，故意搞得动静很大。天黑后，部队在大湾会合，下半夜又悄悄分成3路绕回福禄寨，隐蔽潜伏。果然，敌人以为红军去了立山镇，瓦子场只剩游击队防守了，天蒙蒙亮时，就下山往瓦子场开来。不一会儿，敌人进了伏击圈，聂营长一声“打”，全营一齐开火，敌人这才知道上了当。当时红军装备很差，大部分战士还没有枪，只有大刀和长矛，战斗打响之后，主要靠近战歼敌，用大刀砍、长矛刺。民团也很狡猾，被打散后四处趴着不动，等战士们一冲锋，他们就开枪还击。特别是他们还有一挺机关枪，压得二营冲不上去。这时，聂营长很着急，就对一直跟在身边的张思德命令道，快把那个机枪手干掉！

张思德找了个合适的位置，瞄准那机枪手就是一枪，第一枪没打中，接着又瞄第二枪，这一下真的就把那机枪手打掉了。这时，二营的战士们挥舞着大刀、长矛一拥而上，不到半小时就结束了战斗。这一战，砍死砍伤敌人 100 多个，缴获步枪 100 支，还活捉了匪首胡子贞。第二天上午，瓦子场区苏维埃召开庆功大会，张思德等 20 多位战士立功或受到嘉奖。

由于张思德出色的首战表现，聂营长对他特别喜爱，干什么事都喜欢带着他。团长陈明保也很喜欢他。二营围歼胡子贞民团时，陈团长就在现场说：“这个新兵行。”事后，陈团长想调张思德到团部去当通信员，跟聂绍红商量。聂绍红舍不得，说：“我再培养培养，成熟以后再给你。”

没过多久，二营又迎来了一场恶战。

1933年11月20日，“川北五县联合剿共指挥部”总指挥宁相齐直接组织指挥2000多人的土匪、民团武装向长胜县扑来。他还花重金买通当地的大土匪头子傅俊卿来任前敌总指挥。敌人来势汹汹。立山镇虽是长胜县的“首府”，但无城防可守。上级指示，县独立团撤出立山镇，机动歼敌。二营撤到镇外大石坎待机。

大石坎一带是一道大山梁，前有石寨，后有深沟，左右是悬崖和峡谷。山前有一道数丈高的大石坎，地名由此而得。石坎挺陡，是仪陇通向巴中的要地，易守难攻。

匪徒一枪没放就占领了长胜县首府立山镇，气焰更为嚣张，在镇上开了祝捷大会后，就分头向独立团各部进攻。宁相齐派傅俊卿负责攻打大石坎。

傅俊卿是一个惯匪，身上有多处伤疤，脸上的刀伤已结成了一个大肉瘤，满脸络腮胡子，黑森森的，一打仗就脱光上身，露出一身刀疤，是有名的不怕死。傅俊卿围住大石坎，每天冲锋3次。几百个土匪兵，身披红披风，头蒙黄表纸，舞着鬼头刀，“咿咿呀呀”念着咒语冲锋，样子挺吓人。二营士兵多是刚入伍不久的新兵，没见过这阵势，开始有些害怕，打退第一次冲锋后，胆子也壮了。敌人每次冲击，二营战士们就用步枪、手榴弹，更多的是滚巨石还击。每次冲锋，土匪都在阵前丢下七八具尸体。后两天，土匪冲锋少了，但一直围着不撤。

山上缺水少粮，土匪们就在山下大叫：“快下来吧，不下来渴死你们，没人来救你们啦！”聂营长和干部们商议，现在是二营最困难的时候，但也是一个很好的战机，如果全团在大石坎来个反包围，就可全歼这股土匪。歼灭了这一股，其他各股民团就好击破了。

到指挥部联络的任务，又交给了张思德、陈代远、周云强、李老四4名战士。聂营长交代说：

"你们4个分头冲出去，带信不保险，你们把营里的意见记死了，口头汇报。"黄昏，土匪又冲锋了，二营一顿痛打，接着吹响冲锋号，来了个反冲击。张思德4人趁机冲下山，分头钻到山沟里。当夜他们都找到了长胜县红军指挥部。

陈团长和红军部队在长胜县的联络员都很重视二营的意见。

11月29日，独立团在红军部队两个连的配合下，对大石坎的土匪、民团实施了反包围。天蒙蒙亮，两个潜入敌阵的侦察员点爆了炸药包，随着两声巨响，攻击开始了。独立团从外面往里打，二营营长组织部队往下冲，里应外合，土匪民团炸了窝，来不及组织反击就溃不成军了。傅俊卿带着一部分土匪拼命向外突围，沿途丢下许多枪支、米袋，还撒了不少银元。大石坎反击战大获全胜，歼敌300多人。随后，独立团乘胜追击，几天工夫，就将敌人赶出了长胜县立山镇。

这股进犯之敌，除大部分被消灭外，其余残敌分成两股逃跑了。一股由匪首林首信领着，逃到了悦来场的硝子洞；一股由匪首傅俊卿领着，逃到了三河场的鹞子洞。指挥部决定全歼这两股匪徒，命令一营攻打鹞子洞，二营攻打硝子洞，要求务必擒拿匪首。

这些洞过去都是土匪盘踞的地方，地形复杂。聂营长带队在离硝子洞 2 里处扎营，指派张思德、陈代远、周云强、李老四 4 名同志组成两个侦察组侦察敌情。张思德他们侦察发现洞内有 300 多人，其中有 100 多名群众。这次敌人攻占立山镇，烧了不少房屋，捕杀了 30 多名干部群众。独立团战士都是仪陇本县人，对这股匪徒怀有切齿仇恨，但又怕强攻误伤群众，很为难。聂营长安排一个连堵在洞口正面，一个连压住洞顶，一个连机动。还组织有张思德参加的 20 多人的冲锋队，隐蔽接近洞口两侧。

这一夜，雾气浓重。下半夜，攻击开始。一阵激烈的枪声之后，围在正面的和压在顶上的两个连战士同时喊话。“快出来吧，你们跑不了啦！”“我们就要冲锋了！不出来死路一条！”“乡亲们，跑啊，快跑啊！”时而喊话，时而攻击，山谷上下，处处人声、枪声。夜雾弥漫，洞子里的敌人弄不清外面的情况，只胡乱往外打枪。天快亮时，有群众往外跑了。张思德和冲锋队员们一跃而起，乘势冲进洞子，连着就是几颗手榴弹，“都不许动，谁动打死谁！”一夜惊吓，匪徒早已魂飞魄散，纷纷举手缴枪。硝子洞里的匪徒，除炸死的外，其余全被俘虏，缴枪百余支，擒获了林首信、夏知松等 7 名头目。一营也活捉了匪首傅俊卿。

立山镇收复了，10 多名匪首被当众处决。长胜县保卫战以全胜结束。张思德在这次保卫战中立了功，受到表彰，然而他也深深地感受到匪徒荼毒生灵，百姓命薄如纸！望着立山镇被血洗的惨状，张思德的心中满是深深的伤痛。

夺关突围　痛失团长

战斗越来越频繁，随着红军主力部队在重点地域与川军作殊死搏斗，各县、区地方武装与地主土匪武装的战斗也越来越残酷。仪陇的土地像被篦子篦头发一样，国民党军篦过来，红军篦过去，处处是战火、血腥，不时发生苏维埃干部被集体屠杀的事情，有些“闹红”的家庭也被满门抄斩。长胜县苏维埃政府主席赵正春宁死不屈，还乡团匪徒将他残害后，又挖出血淋淋的心肝去下酒……还乡团的暴行，更激起了战士们的义愤，他们打得眼都红了。

接下来的日子里，独立团基本上都是行军、作战，作战、行军，没一天歇息过。1933 年 12 月初，以吴明仕、吴明开为首的一伙反动地主武装配合四川军阀杨森第二十军一部，控制了三河场至长胜县城的交通要道关口梁，堵住了红军南下出击的通道。上级要求独立团配合主力行动，迅速消灭这股敌人，夺回关口梁。

团首长把任务交给了二营。二营派出 1 个连在游击队配合下，鏖战了一个通宵，因关隘险峻，没有进展。张思德对营长聂绍红说：“我在这一带放过牛，打过柴，这里的地形我熟。组织一个尖刀班，让我带路，我保证能攻进去。”营长见他态度非常坚决，就同意了。

次日凌晨，大雾弥漫，张思德领着尖刀班的10余名勇士，抄小路爬到了关口梁东边一个叫九打杵的山梁，从那儿又沿着一条羊肠山道，攀到了关口梁寨门的山崖边。居高临下，寨子里外敌人的活动尽收眼底。他们犹如神兵天降，向寨子里发起突然袭击，一阵手榴弹爆炸后，接着喊杀声、枪声响成一片。敌人不知红军是从哪里打来的，乱作一团。部队乘势发起冲击，尖刀班勇士同时飞身跃入寨里，炸开寨门，二营里应外合，不一会儿就全歼守敌，完成了夺回关口梁的任务。

转眼到了1934年年初，入伍两个来月的张思德经历的大小战斗就有10多次。眼看着身边倒下了一个又一个战友，他的内心无比沉痛。独立团不断减员，仪陇苏区范围越来越小。川军进驻了长胜县，反动地主武装有川军撑腰，愈加猖狂。独立团按上级指示，只得向巴中转移。

1934年2月的一天，天阴森森的，小雨夹着雪花，秦巴山区特别的冷。有些战士见要离开仪陇县就哭了。聂营长生气地说："没出息，红军战士，哭给谁看！留得青山在，不怕没柴烧。今天出去，明天就能回来，一个个给我精神点。”也有要求留下当游击队员、不愿离开仪陇的，也受到了聂营长的批评：“咱们出来当红军，是为天下穷人打天下，不是只顾看家护院的。”

在向巴中转移的途中，独立团蒙受了重大损失。当时红四方面军主力正在东线万源一带与敌决战，欲待吃掉敌“六路围攻”中的两路后，再对其余几路实施各个击破。这时，西线川军乘机进犯，仪陇县地处根据地西缘，紧靠嘉陵江，遭敌侵害首当其冲。川军大批涌入，独立团转移中不断遭到川军的围堵。上级要求独立团尽量避敌，不与纠缠，迅速把部队带到巴中。

张思德所在的二营且战且走，在玉山被一股敌人缠住了。敌人越来越多，激战数小时，聂营长果断命令几个连长带着部队立即与敌脱离接触，向东转移。他亲自带一个排进行阻击。几个连长都要求担负阻击任务，聂营长说：“我比你们有经验。”连长提出再留一个排。聂营长说：“一个排够了，我有办法。你们务必把部队带到巴中，能多带一个人就要多带一个人。”

聂营长把一个排分成 6 个战斗小组，轮番阻滞敌人。张思德一直紧跟着营长，保护着营长。聂营长一直坚守在阵地的最前沿，边指挥边战斗。

“再换一个组上来！”就这样一组换一组，几番下来，他始终不离开阵地。突然，一颗子弹击中了他的胳膊，他让张思德简单包扎了一下，又继续指挥战斗。敌人越来越多，战斗异常激烈，全排战士最后只剩下 5 个人了，聂营长也身中数弹身负重伤，战士们要抬着他下去，营长坚决不肯，命令张思德带着人赶快撤离。他掏出两块银元给张思德，并交代赶快找到团长，报告二营的情况。张思德他们是被营长“骂”走的，而聂营长自己永远地留在了玉山阵地上！

张思德哭着找到团长，报告了二营突围和营长牺牲的情况，他把营长留下的那两块银元交到团长手上。陈团长咬着嘴唇，攥着银元，久久没有说话。

张思德又跟在了团长的身边。没过几天，团部带领的部队再次遭川军堵截，被困在一个不知名的小山包上。敌人出动 300 多人，从中午打到黄昏，部队也没能突围出去。敌人不断向这儿拥来，山下面黄乎乎的一大片。部队子弹快打光了，团长命令，把所有手榴弹集中起来，组织突围火力掩护队。他组织并要求党员要为部队突围炸开一条血路。团长说：“你们的任务就是跑，为保存力量，能突出去几个就突出去几个，突出去后就找巴中县红军指挥部报到。”团长说着，直往自己的皮带上塞手榴弹，一个一个塞了满满一圈。他对张思德说：“跟着我，保你能突出去。”

黑夜来临了，团长领着队伍冲了下去。敌人打枪，他不管，只是往前跑，有敌人围上来，他就扔出手榴弹。张思德作为通信员，应该负责保护团长，可团长比他有经验得多，跑一段就停住，观察一下，拐个方向再跑。手榴弹不断在身边爆炸，无数的子弹画着弧光在黑夜中交织。夜幕下只见一个个黑影在火光中腾跃……在一个山坎前，团长不幸被敌人的子弹击中，一下跪倒在地。张思德忙去背他，团长坚决不让；他刚要站起，就有几个敌人向他扑来，团长扔出一颗手榴弹，转脸便向张思德大喊：“快跑！”张思德不肯走，说：“我要保护你！就是死，也要一块死。”团长怒吼：“你这个娃子，不能两个都死，你得给我活着冲出去！”说着，拉开一颗手榴弹，举过头，狠狠地对张思德吼道：“再不跑，我炸死你！”张思德从没见团长这么凶狠过。团长掩护着他，将手榴弹朝敌人扔去，一颗又一颗……

那次突围才突出去100多人。不久，独立团编入红九军，番号为红九军第八十团。事后才得知，陈明保团长牺牲后，当地民团辨认出他是长胜县独立团团长，便把团长的头颅悬挂在立山镇的牌楼上。张思德听到这个消息，悲痛不已，眼里已经流不出泪水了。聂营长和陈团长既是张思德革命道路的引路人，更是他的良师益友。他们的牺牲，更加激发了他继续顽强抗争的斗志，为了共同的革命理想，他决心像他们一样，战斗到生命的最后一刻。

汉中送密件

突围后，张思德被派往川陕苏区列宁小学学

习。列宁小学是一所政治性和实践性都很强的新型学校，地处苏区腹地，外面的战斗那么激烈，这里却相对平稳安静。这段日子，张思德一边读书识字学习文化，一边接受较系统的革命教育。他初次接触了马克思、列宁关于阶级斗争的理论，知道了天下无产阶级是一家的道理，明白了只有全世界无产阶级团结一致，才能求得自己的解放。张思德这样理解，无产阶级就是穷人，天下穷人团结一心才能打败川军，打败民团、还乡团。

白天，张思德把全部的精力都用在学习上了，可是一到晚上，他就常常做梦，梦见聂营长牺牲前交给他的两块银元，梦见陈团长浑身绑着十几颗手榴弹站在他面前和他说什么，那绑在陈团长身上的手榴弹爆炸了，惊天动地，一片血红。他常常大叫着从梦中惊醒。

“张思德，你又做梦了。”同班同学罗忠忙把他推醒。罗忠已因张思德夜里做梦惊醒过好几次了。他问张思德：“你是不是被那次突围吓怕了？”

张思德揉揉眼说：“哪个说的？我怕什么，我不怕。”

“不怕，那你夜里叫什么？”

这时，张思德就向他讲起他们的聂营长，讲他们的陈团长，讲那次倒下的许多战友。罗忠是巴中恩阳人，也是刚参军不久的战士，他俩经常谈心。罗忠还没经历过张思德那样的残酷战斗，很愿意听张思德讲那些战斗经历，常问他：“那时你真的不怕吗？”张思德告诉他，真到那时候就顾不得怕了，看着战友倒下去，心里只有仇恨，恨不得把那些地主、土匪、还乡团一个个都杀死。

集训两个月后，张思德被分到了川陕省军区指挥部当交通员。省军区负责领导各地方苏维埃的军事斗争，包括国民党统治区地下党的武装斗争。交通员的主要任务就是负责省军区和各地的通信联络。张思德主要负责的是跑陕南至汉中一带的联络。

从川北到汉中，横亘着大巴山脉，让张思德没想到的是，他也要跟当年的祖辈一样，穿越这条闯汉中的崎岖之路。不过，他不是为了个人的生活需要，而是为了天下的穷苦大众。因此，再大的困难也难不倒他。

一道道横亘绵延的大巴山脉，使交通员们不但要翻山穿林，逾越险境，还要在密林中避绕敌人设置的重重关卡；不光能吃得下苦，经常要背上粮食、盐巴之类，风餐露宿，还要机智勇敢，学会乔装身份。张思德受领任务后，只有一个想法，要像爱护生命一样，去保护每一封信件的安全。他深知，每封信都攸关无数革命同志的性命，都牵连着战场胜败的局势。信纸上的内容，他会反复背记在心，遇有紧急情况，就将信件咬碎咽进腹中，躲过敌人后，再赶到接头地点口头传达。国民党在陕南设置了一路的重兵关卡，张思德每一次送信都要经历一番生死的考验。

一次，领导派他送一封密件到汉中，内容是协调汉中游击队与川北红军一起攻打勉县的事。当经过南郑县米仓山喜神坝时，被守卡子的敌军叫住了。张思德有些紧张，可敌军什么也没问，叫过去就把他关进一个小屋里。屋里已关着四五个人。张思德问他们为什么被抓，他们也都说不知道。张思德左思右想也想不出自己有什么破绽，心里琢磨着怎么应付审问，可敌军一直不审，快到中午，才把他们都叫出去。敌军叫他们丢下自己的东西，去换衣服。张思德心想坏啦，被抓壮丁了，赶紧偷着把信吞进肚里。到院子里，一个当官的让他们换上旧军装，分派他们两人抬一个大箱子。原来这是要给一个什么大官送礼去，不是抓壮丁。张思德没法脱身了，一直抬到汉中城。进到一个大院里，放下东西，他装着上茅房才抽身逃走了。找到接头点，他还穿着那套国民党军装，把接头人吓了一跳。

还有一次，张思德深入敌占区侦察情报，他在汉中城西一家小旅店，与地下党取得联系，而后化装成柴贩子进城接头。接头的交通员利用在汉中伪警察局当差的身份做掩护，把张思德的柴买进警察局去。张思德交了柴，收了钱，取到了情报。正当他要出城时，城内突然响起警报，城里戒严，城门布满了敌兵，一时是难以出城了。张思德机警地从后院小门拐进一家旅店。天黑时分，敌人的搜查队来了，张思德从早就打探好的洞口爬出，摸黑到了城墙脚下，躲在水沟子里。为了不暴露目标，张思德仰面躺在水沟里。这是一条垃圾污水沟，恶臭熏天，张思德就这样一直待到后半夜，才顺着水沟从城壕爬出城外。城外的各主要路口也都被敌人布下重兵封锁和把守，由于时间紧急，张思德不能有任何停留，他决定不走大路和正路，乘着夜色钻森林，走田野，翻山沟，选择不被敌人注意的地方连夜赶路。他巧妙地穿过敌人的一道道封锁线，天亮之前将情报送达苏区，为战斗的胜利争取了时间。

张思德凭着多次在任务中的出色表现，得到了上级的赞许，后来，随着军区指挥部转移，张思德终于回到了他日思夜盼的野战部队。

泅渡“借”船

1934 年 9 月，红四方面军彻底粉碎了四川国民党军的“六路围攻”。紧接着，蒋介石又于同年 10 月策动了更大的“川陕会剿”，令刚辞去“剿匪总司令”职务的刘湘复职，派中央军胡宗南部入川。形势更加严峻，红四方面军为配合中央红军北上，决定进行更大的战略机动，强渡嘉陵江，向川西北发展，把川陕革命根据地扩大为川陕甘根据地。这个时候，张思德被分编到红四方面军第三十一军。

1935 年 3 月初，张思德随所在部队向嘉陵江边开进，各部队很快歼灭了江东岸的守敌川军 5 个团，控制了北起广元、南抵南部的嘉陵江东岸一线。部队占领东岸后，迅速展开强渡嘉陵江的战斗训练。

春日的嘉陵江碧波荡漾，两岸层峦叠翠，对岸的敌人碉堡隐约可见。训练之余，张思德坐在河边，看着对岸出神："这千军万马怎样才能渡过去呢？"

船是渡江的第一保证。那时，为渡江战役做准备，整个川陕苏区都动员起来了。河边不远处有许多造船队在突击造船。川陕省苏维埃政府主席都亲自抓造船的工作，苏区群众从各地运来木料、门板、竹子、铁钉、破布等，造船队日夜奋战。

这天，张思德又坐到江边望着对岸出神。他看到对岸一个山脚处好像有两条船。红军攻打东岸时，船都被敌人拖到西岸去了，能不能把这两条船偷过来呢?

这时，正好连长过来了，张思德说:“连长，你看那是不是两条船?”

“对，是两条船。”连长看了看说。

“我想试试，去把它拉过来。”张思德说了自己的想法。

“你能行吗?”连长问。

“我小时候在仪陇河游过，不过没游过这么大的江。要不让我先试试吧。”说着，张思德就准备脱衣服。

连长见他这样坚决，就说:“行，你先在江边游给我看看。”

张思德下了水，顺着江边游了有半里地。连长看着游得还行，就叫他上岸，张思德却在水中不见了。连长急了，连声呼叫:“张思德——张思德——”但张思德就是不照面。就在连长急得直蹦高儿的时候，张思德在下游江面很远的地方冒出了脑袋。他抹一把脸上的水，调皮地向连长摆摆手，做着鬼脸。连长说:“张思德，你可把我吓死了，快上来！”

说实在的，这点江水，张思德根本不打怵。小时候，他和伙伴们同地主崽子何大伦比水性，打水仗，在湍急的河水里一泡就是大半天。为了防止打水仗时撕破裤衩，他将裤衩涂满桐油，做成了“防弹裤”，在小伙伴们中间传为佳话。

第二天，连长借来望远镜，带着张思德在江边观察了一天，看清了那两条船就拴在岸边一个木头搭的小码头上，码头往上有一条石头砌的台阶路，通向几间房子，旁边还有一个很明显的碉堡，那里有兵，但码头上白天一直没有人。

天黑透了，他们开始行动。张思德穿着裤衩，左肩右斜套着一圈绳子，背上绑着一把小镰刀，还背着一个酒葫芦——这是连长特地为他准备的。连长叫他先喝两口再下。张思德灌了两口酒，就悄悄下水了。连长经请示团里，还在东岸做了火力掩护的准备。

江面夜雾弥漫。张思德刚下水时还打了两个激灵，好在有酒垫底，倒未觉多冷。到了江中心，水流急了，浪也大了，连呛了两口水，就觉得背着的绳子很碍事，使不上劲。他想了想，就把绳子一头捆在腰上，其余的全拖在江水里，游起来顺畅多了。过江心后，遇到一个漩涡，只觉着水下有力量在吸他。在家游泳时，他经历过这事。他憋着气，顺着水漩潜入水底，到水深处旋力就小了，他顺势一钻，就钻出漩涡，浮出水面。抵近对岸时，岸上黑乎乎一片，看不清小码头，往东岸一看，连长点的那盏灯在上游哩。原来，他被江流已冲下好远了。他沿岸潜水往上游，到达小码头边，那两只船还拴在那里，随着江水的波动，偶尔相互碰撞，发出一点点响声。

岸边很静，张思德一个猛子，扎到小码头底下，扶着木柱，倾听四周，觉得没有什么情况，就解下镰刀，准备割船绳。就在这时，听到远处有一个人在喊，像叫谁。他停住手，警惕地注视着对面。

这时，有一个人答话了:“叫鬼呀，我又没死。”随后两人靠近了，说了些什么，一会儿，一个脚步声远了，像是换岗。张思德不敢动了，扶着木柱等，这一等反而更冷了，他想喝口酒，又怕弄出动静，又等了一会儿。也不知多长时间，听听没有什么动静，张思德就慢慢地把拖在江里的绳子收回来，中间捆在腰上，又轻轻地把两个绳头与两只船的船绳拴好。准备好后，又听了一会儿，才摸出小镰刀，割断船绳。他手推船头，脚蹬木柱，猛一使力，船就离开了码头。张思德一个猛子扎下去，人、船都顺流而下了。好远好远，张思德才钻出水来。

船往下游漂，人往江心游，张思德觉着很吃力，但船到手了，他一点儿不觉得累，还抬头侧耳往西岸听听，还是什么动静也没有。他笑了，这些兵还叫站岗吗？

张思德在下游五六里的地方才靠岸，到岸边他趴在水里一时都爬不起来了。歇口气，他才想起酒葫芦，喝了两口酒，爬起来，弓着身子一步一步往上游走，腰里的绳子拖着那两只船。人离水，风一吹，更冷了。一会儿就听前后两头都有人喊："张思德——张思德——"还有火把在闪动。是连长带人沿江在找。

"在这儿哩！"他也喊。连长和战友们围过来了，给他解下绳子，套上衣服。

“怎么这么长时间？”连长问。

“我发现码头上有岗，就等了一会儿。”张思德回答道。

“没听对岸打枪，我就估计没事。”连长说。一个战士接过话：“还以为你回不来了哩。”连长瞪了他一眼：“怎么说话哩！”

张思德只身泅渡弄到两只船的事，很快报到团里、师里，师里通令嘉奖了他。

到3月下旬，造船队赶制的船都抬到江边的树林里隐蔽了起来，还有三座竹制的浮桥，到时候往水里一放，用绳子一固定就可以连到对岸。很快就要渡江了，张思德和战友们一样，都摩拳擦掌，争当突击队，争乘第一船。可是，按上级命令，张思德所在部队是二梯队，谁也争不上突击队、第一船，连张思德弄来的那两条船都交给兄弟部队使用了。

3月28日晚，强渡嘉陵江战役开始了。塔子山上的几十门炮和轻重机枪一齐向对岸开火，百十只木船一齐划动，飞速地向对岸驶去。江面上看不清船只，只看到炮弹爆炸和江面腾起的水柱，两岸枪炮声交织成一片，渡江勇士在江中呐喊。隐蔽待命的张思德第一次见到红军主力的大规模行动，异常兴奋，连着几次问连长：“我们怎么还不动？怎么还不动？”

张思德所在的团队是下半夜渡江的，过的是浮桥。浮桥在水面上下左右地晃动，后面的人跟着前面的人飞速奔跑，不时有人掉到江里，又往浮桥上爬，爬起来再跑。张思德冲上岸时，回头向东岸看看，那边是一片火把，岸上还有那么多部队哩！他的心境跟在独立团时大不一样了，我们的红军太强大了，他满怀信心地跟着部队往前冲。哪知这一冲，就再也回不到江东的仪陇老家了，从此踏上了万里征程。

勇夺机枪

部队过江后，迅即向两侧和纵深发展。守在西岸的敌人是川军田颂尧的部队，渡口的一个营已被歼灭。二梯队过江后，兵分3路，迅速抢占沿江两岸的各防御要点，以图牢牢控制嘉陵江两岸，保证川西北与川陕根据地的联系。右路攻击剑阁，中路攻击剑门关，张思德所在的部队是左路，沿江攻击阆中、南部两城。过了江的红军如出山猛虎，沿江的田颂尧守军望风而逃，各哨卡没作任何抵抗，红军势如破竹。阆中、南部两城和仪陇隔江相望，张思德不禁想起在仪陇和川军拼杀的日子，想起聂营长和陈团长:“他们要是能活到现在该多好啊，现在该是我们收拾敌人了，我一定要为陈团长和聂营长报仇！”

他们是中午攻到阆中城下的。守城的川军还想凭险顽抗，但张思德所在连一个冲锋就把城东关的一股守军压到一个土围子里。土围子里的川军火力挺强，连队一时攻不下来。特别是敌人的那挺机枪火力很猛，土围子前又是一片开阔地，连队没有小炮，攻击只能等到夜晚。

从攻击一开始，张思德就盯上那挺机枪了，他太眼馋了。那次在瓦子场战斗中，歼灭了敌人，却让一挺机枪跑了，使聂营长懊恼不已，这次可别丢了机会。他找到连长说："连长，这次得想个法子，把那挺机枪弄到手。"连长一听，高兴地拍着他的肩："你这小子，和我想到一块儿了，说说，你有什么想法。"连长又找了几个人来商量，制定了一个方案。连长说："大家给我听好了，今晚一定要弄到那挺机枪，机枪第一，就是跑了几个川军也不要紧，机枪不能跑了，记住了吗？"

黑夜来临了，连长把几个排分别布置在土围子的几个方向，形成合围之势。几个方向轮番开火、呐喊，闹得围子里的敌人不知红军会从哪个方向上来，只得四面应付，机枪也开火了。

认准了机枪的位置，连长说："上！"张思德就在夜幕掩护下，从侧面迂回接近到土围子边。那挺机枪架在一个简易工事上，对着呐喊的方向射击。张思德在围子底下悄悄接近机枪，那枪管就长长地伸在他的头顶上。他把带去的绳子放开，抓住两端，预备好，就在射手换弹匣的空隙，像跳绳那样，将绳子往上一抡，一下套住了枪管，双手一使劲，枪管就倾了下来。他一手抓住枪管，顺手又往上扔了一颗手榴弹："同志们，冲啊！"

敌人还未反应过来，连长他们就冲到土围子边了，接着登上围墙突了进去，很快结束了战斗。张思德果真把机枪弄到手了，连长特别高兴，当着全连宣布："这挺机枪从现在起由张思德同志保管使用。"在以后横扫川西北的战斗中，张思德就一直端着这挺机枪，感觉特别荣耀。

红军过江撕开整个江防之后，又马不停蹄，挥师西进，向川甘边界发展。短短 24 天时间，连克阆中、南部、剑阁、昭化、梓潼、青川、平武、彰明、北川 9 座县城，控制了东起嘉陵江，西至北川，南起梓潼，北抵川甘边界，纵横二三百里的广大地区，歼灭川军 1 万余人，创造了红军战史上大规模强渡江河作战的范例。

这时，中央红军已渡过金沙江，正准备经西康省的东南部北上，与红四方面军会师。"迎接中央红军北上"成了当时红四方面军的主要动员口号。部队喊着"北上，北上，与中央红军会师"的口号，在川西北纵横进击，又形成新一轮攻势。

1935 年 5 月，张思德所在的部队由阆中、梓潼一带向北攻击，沿途到处是向北会师的大标语。

张思德这才知道，中央红军里有党中央，有毛主席，有朱总司令。对于两位领导人的名字，张思德早有耳闻，只可惜没有见面。张思德常常想：啥时候才能见到这两位大人物呢！

很快，张思德所在部队就打到松潘东南边的镇江关，靠近了川甘交界地，接着摆开阵势与甘南的国民党中央军胡宗南部对峙，以策应保护中央红军北上。

这一带地势高寒，多高山、峡谷、急流，是汉、藏、羌、回等多民族杂居地区，藏族人口占多数。红军一到，就开展群众工作，张思德跟随部队发动贫苦奴隶、牧民、农民闹翻身求解放，动员他们起来分田地、分牛羊、分财物。不少农牧民像信神一样，信仰红军，帮红军带路，打探消息，运送物资，救治伤员。也常有上层反动分子组织队伍袭击红军，张思德他们打了不少小仗。上级严令，认真执行民族政策和民族纪律，区分上层反动分子和广大贫苦农牧民，对一时不了解红军的群众和受反动头领欺骗反对红军的群众，一定要耐心地做工作，不能伤害群众。语言不通，习俗不同，这工作虽不像打仗那样严酷，但很麻烦。这一段经历，使张思德受到很大锻炼，对党的群众工作以及党对人民群众的根本态度有了很深的了解。

最难受的是吃饭。这里的饭真难吃啊，用青稞面和酥油混合而成的糌粑，发酵后的酸奶，烧得半生不熟的牛羊肉，是这里上好的食品了，许多人却咽不下去。有的人一闻到膻腥味就呕吐。张思德学着领导的样子，带头吃，带头咽，把部队当时流传的一句话挂在嘴边："来，为革命吃糌粑，谁不爱吃糌粑，谁就是不想革命到底。吃啊，快吃啊！"喊一声，咬一下，咽一口，常惹得战友哈哈大笑。

在这段日子里，部队最主要的任务是为迎接中央红军做准备。各连都分配了任务，捻毛线，存粮食，打草鞋，织毛衣、毛裤，任务都具体落实到班、排、个人，还号召个人捐衣捐物，只要是生活有用的都欢迎。他们尽力想用最丰厚、最实用的礼物欢迎慰问老大哥部队。张思德和他的战友们，都急切地盼望着那激动人心的时刻尽快到来。

02 过雪山草地

泥潭救战友

1935年6月18日，中央红军主力与红四方面军于懋功胜利会师。6月26日，中央政治局在两河口召开会议，毛泽东、朱德、周恩来等人从北上抗日和粉碎国民党军队围追堵截的总体形势出发，提出了向北发展的主张。8月3日，红军总司令部制定《夏洮战役计划》，决定中央红军和四方面军混编成左、右两路军，分路北进。之后，中央红军恢复红一方面军番号。

左路军由卓克基向阿坝地区开进；右路军以毛儿盖为集结地，向班佑、巴西地区开进。张思德所在部队为右路军。因为打开松潘那条通道的时机已经丧失，不管哪路军进行北上，都得通过川西北的那片茫茫的雪山和草地。

张思德所在部队又出发了，向北边的毛儿盖集中。

茫茫草野，四方难辨。草原的天气，就像是孩子的脸，一天三变。刚入草地的时候，大太阳照得人眼睛都睁不开，战士们脸都晒脱了皮，嘴唇也起了疱，浑身上下被汗水浸透。等到太阳稍一偏西，气温骤然下降，一团黑云飘过，接着便是像碎石一样坚硬的冰雹夹杂着雨点，从半空中劈头盖脸地打下来，不少战士来不及遮挡，被砸得鼻青脸肿。到了夜里，气温一下子降到零摄氏度以下，有的战士身上的衣服还未烤干，就被冻得浑身发抖，牙齿打战。

然而最让指战员提心吊胆的，还不是这样的冷热夹击和难耐的饥寒交迫，在战士们的脚下，最最危险的是那些能随时随地置人于死地的“陷阱”，让人防不胜防。因为先头部队通过后，草地上形成了一条很宽的泥道。泥道上的杂草盘根错节，人刚开始从上面走过时，还挺牢固的，但经不起来来回回、反反复复地踩，草根被踩断了，盘根错节的草团子底下就是糨糊似的烂泥，是深不可测的泥潭！不少战士硬是眼巴巴地掉进这样的泥潭里，越挣扎陷得越深；有的战士跑去抢救自己的战友，由于没有经验，往往不仅没有把战友救上来，反而连自己也掉进泥潭，再也没有爬上来。

8月下旬的一天，天阴沉沉的，整个草地都沉浸在一片迷迷蒙蒙的雨雾里。这天的行军序列是二营在前，一营断后，一连六班为全连的后卫。张思德还是像往常行军一样，跑前跑后地照顾生了病的战友，要是看到有谁走起路来气喘吁吁，难以坚持的样子，他就会跑上去，也不管人家同不同意，把人家肩上的枪一把抢过来，扛在自己肩上。有时候，张思德一个人就背了三四支枪。战友们看到他像班长一样关照着每一个人，都亲切地称他是“小班长”，张思德听了总是憨厚地笑笑：“啥子小班长嘛，咱能使多少力气就使多少力气呗！”

虽然午后刚过，可是草地仿佛已临近黄昏，光线幽暗。队伍前不见头，后不见尾。为了避免和减少非战斗减员，行军速度明显慢了下来。

“不好啦，我掉进泥潭里啦！”

前方传来一声惊叫，张思德三步并作两步跑上前去，见是本班的小李。原来，一个没留神，战士小李一脚陷进了黑色的泥浆，他在慌乱中一边挣扎一边叫喊，仿佛被一只泥手猛地拖拽下去。

班长杜泽洲跑到泥潭边，一看就急眼了，扔下手中的东西正准备去抓小李的手，这时，急忙赶到的张思德猛一把拽住杜泽洲的衣角，大声说：“班长，使不得！”

“班长，你看，这烂泥，咱们站都站不住，莫要说把小李拉上来，弄不好连自己都会陷进去的！”

说话时，混浊的泥水已经漫过小李的腰部，小李不住挣扎，但是越挣扎就越往下陷，情况十分危急。张思德皱了皱眉头，随即对班长和副班长说：

“班长、副班长，咱们3人分分工。”他一边讲，一边把副班长拉到泥潭的另一侧，对班长说道：

“我和副班长一边一个，卧倒在小李身旁，你一只脚踩在我的身上，另一只脚踩在副班长身上，然后去拉小李，一定能把小李拽上来，咱们也不会陷下去！”

杜班长听罢，一拍巴掌：“这个主意太好了，只是你们俩……”

“班长，我俩不就滚一身泥吗？救人要紧啊！”副班长和张思德异口同声地说。

副班长和张思德面对湿漉漉的烂泥地，毫不犹豫地分别躺在泥潭的两边。班长杜泽洲劈开腿，两脚一左一右，分别踩在副班长和张思德身上，然后伸手攥住小李的胳膊，使劲一点点地把小李往潭边拉。张思德和副班长也“嘿哟、嘿哟”地叫着，给班长鼓劲儿。终于，在3人协调一致的努力下，杜班长把小李给拉了上来。

从烂泥潭里脱身的小李，边哭边说：“班长，要不是你们搭救，我就没命了！”

杜班长说：“这多亏了张思德的好主意！”

再看张思德，他和副班长从泥潭两边的泥水地里爬起来，和小李一样，全身没一处不是烂泥。班长杜泽洲面对3个“泥人”感到既欣慰，又激动。

这次的“泥潭救人”之举，在队伍里一时间传为佳话。事后，杜泽洲问张思德：“你怎么会想出这个办法来呢？”

张思德说：“这也叫作急中生智呀！我小时候干过这事儿！”

杜班长问：“你小的时候就从泥潭里救过人啊？”

张思德说：“不是救人，是救牛！”

原来，张思德小的时候，经常在元滩河边放牛，牛会贪吃河滩边上的嫩草，全然不顾四条腿陷入烂泥里，等到牛吃完一处嫩草，想往前挪腿时，已经动不了窝儿啦！怎么才能把牛拉上来呢？假如就站在泥地里拉，不仅牛拉不上来，自己也会陷到泥地里去。于是张思德就和小伙伴们想了个办法，到山坡上扛来几根粗木头，放倒在牛的两旁，然后，几个放牛娃就踩在木头上，有的拽牛角，有的拖牛尾巴，把牛往上拉。大家伙儿齐心用力，三下五除二，就把牛拉上来了。

杜班长听了，笑着拍拍张思德的肩膀：“原来你的这一手绝活，也是少年功夫啊！”

参加敢死队

历经艰辛，红四方面军第一次走出被称为“绝境”的茫茫草地后，又一场恶战在等待着他们。右路军大部抵达班佑时，国民党在甘南的部队正拼命往上下包座和松潘一带集结，修工事，筑碉堡，妄图构成坚固的防御体系，阻止红军北进。而国民党南边的部队也正加速往这边压过来。一旦让他们的防御体系构成，红军不仅北上无望，更危险的是将遭敌南北夹击，在这荒无人烟的地方陷入绝境。

红军必须迅速抢占北上通道。在毛主席和徐向前等领导人的决策下，刚刚走出草地的部队迅即展开了包座战斗。

包座位于松潘北部，距班佑 100 多里路，群山环抱，地势险要，敌胡宗南部一个团凭险据守，卡在红军进入甘南的必经之路上。红军刚出草地时，敌人又调一个师来加强防御，正在途中，形势紧迫。徐向前向党中央提议，以先走出草地的红四方面军部队迅速向包座开进，在敌援兵赶到之前，展开战斗。于是，张思德他们刚刚走出草地，就以急行军的速度向上下包座奔袭。一双双磨烂的草鞋，一根根磨断的绑腿带，许多战士都是打着赤脚与时间赛跑，因为只有以最快的速度突出关口，才能求得生机。

张思德所在部队担负助攻任务，负责攻打距包座 40 多里的求吉寺一线。求吉寺是敌人的一个兵站，囤积着大量的粮食、物资，敌人得知红军北上的消息，几天前又增派一个团的兵力防守。这一线以求吉寺为支撑点，连接四周一些小庙、村堡和工事，构成一个防御体系。

8 月 29 日凌晨，攻打求吉寺一线的部队开始行动，各部队迅速对敌各防御支点完成了穿插分割，张思德所在的团队负责攻打一个喇嘛庙。这个小庙前有工事，后有围墙，火力很强。战士们刚走出草地，又是长途奔袭，非常疲劳，加上红军的武器较差，打到下午，仅扫除了外面的工事，敌人龟缩到庙院里顽固抵抗。

临近黄昏时，上级来了命令，要求必须在天亮前消灭求吉寺一线的全部守敌。团里决定，组织敢死队对这个小庙进行最后突击，张思德主动请缨参加了敢死队。

冲击前，团里把干粮和水都集中送来了。团长说：“你们一个个都给我吃饱了，喝足了，我带头，跟我冲。”团长是亲自带着敢死队冲进去的。张思德作为机枪手，先是火力掩护敢死队，接着就跟进到院子里，端着机枪抵近扫射，压制住阁楼上的匪兵，敢死队逐房逐屋地争夺拼杀。

那一仗打得十分惨烈，特别是拼大刀的战士，活下来的都受了重伤，所有的大刀片都砍卷了刃。战后打扫战场时，有好几把大刀还砍在木柱上，颤颤悠悠地抖动着。战斗是在天黑前结束的，小庙守敌 300 余人全部被歼，敢死队牺牲一半以上，张思德左臂负伤。

攻打求吉寺比这还悲壮，红四军第十师师长王友钧亲自带着敢死队与守敌拼杀，他也是在冲锋中牺牲的，年仅 24 岁。整个包座战斗于 31 日

全部结束。除攻占了上包座，还歼灭了敌增援的四十九师大部，共歼敌约 5000 人，缴获了大量枪支、弹药、粮食、牛羊，打了红一、红四方面军会合以来的第一个漂亮仗。

通道已经打开，红军北进却难以成行。包座之战的硝烟在草地上空很快消散了。红军右路军将士为开辟通道流洒的热血，永远浸染在这片荒僻的土壤里。

1935 年 9 月中旬，在张国焘分裂行径的命令下，已经站在北进通道口的红军右路军前敌指挥部带着红四方面军的指战员，又掉过头来，丢下他们用鲜血和生命开辟的通道，向南，往他们的来路走去。

战士们是指到哪打到哪的。作为一个普通的红军战士，张思德他们只认准一个理儿，唯有舍生忘死，不惜一切去拼杀，才能获得劳苦大众的翻身解放。

浩浩荡荡的大军向南开进，少了会师时的欢快与激情。

这是张思德和他的战友们第二次穿过他们刚

刚脱离的充满死亡之险的茫茫草地。

在南进途中，红四方面军仍充分显示了他们那勇敢迅猛的战斗作风和顽强的攻击能力。刚出草地，他们就展开了绥（靖）崇（化）丹（巴）懋（功）战役。部队分头沿大、小金川的深山峡谷急进，10多天内，连扫沿线守敌，歼敌3000余人，推进到丹巴、达唯一线，向成都逼近。

紧接着，10月24日，部队又展开了天芦名雅邛大战役（为取得天全、芦山、名山、雅安、邛崃、大邑等广大地区作为根据地）。在群山逶迤、森林密布、道路崎岖的复杂地域里，指战员们以惊人的毅力和神速动作，连续翻山越岭，勇猛追敌，仅用半个月时间就连克10多座城镇，占领了成都西南的大片地域，造成了横扫川西平原、逼视成都的局面。

这时，“东进川西平原吃大米去”“打进成都过春节”的口号鼓舞着战士们。他们喊着这个口号，勇往直前地向平川和水网地带推进，凭着这支部队强大的凝聚力和战斗力，连续进行近战夜战，很快扫平敌人200多个碉堡，攻占了成都西部重镇百丈关。一场血战就在这里开始了。

国民党中央军和四川军阀的 80 个团几十万大军云集在这里，等候南下红军。

11 月 19 日拂晓，敌人十几个旅在飞机大炮的掩护下，从东、北、南三面向百丈关地区的 10 多里长的红军弧形阵地猛烈攻击。红军从总指挥到各军、师、团指挥员都置身于阵地中，与敌血战。敌人一批批地连续冲锋，红军战士一次又一次地与冲上来的敌人肉搏格斗，到处是厮杀的喊声和搏斗的身影，鲜血染红了山冈上的沙石，染红了稻田里的泥浆。敌机疯狂地轰炸扫射，百丈关附近的树林、村落、房屋，一片火海。张思德第一次经历这样残酷的血战，他的腿负伤了，瘸着腿在阵地上来回奔跑，在炮弹、炸弹的狂轰滥炸中跳跃躲闪……关于他在这次战役中的具体功绩，没有文字记载，但能在这样惨烈的血与火的战场上拼杀过一次，无疑也是生命里的光辉篇章。

敌人的后续部队越增越多，像蝗虫似的扑过来，一批接一批，整师整团地向百丈关云集。激战了七天七夜后，红军虽歼敌 1.5 万余人，但红军伤亡也近万人，不得不撤退了。部队梯次撤出战斗，向西康转移，在九顶山一带凭险据守，组织防御。百丈关一战，是南下以来最惨烈的一仗。战后，全军撤至天全、芦山、宝兴地区休整并准备过冬。

以后的处境愈加困难。四川军阀各部和中央军的薛岳、李抱冰的部队，分三面向退守的红军逼来，他们采取稳扎稳打的堡垒战术，巩固推进，对退守红军形成包围之势。

时值隆冬，雨雪连绵，困守的红军陷于饥寒交迫之中。兵员无法补充，粮食没有来源，前景渺茫。那段时间，张思德拄着棍和战友们在冰雪覆盖的山地里挖野菜，找土豆，可是漫山皆白，野菜也很难找到。团里还派人在山里打野兽，打牦牛。大冬天，野兽早钻进洞里，牦牛更找不到，天天空手而归。不少人还因雪照得了雪盲症，无法行走。这里是少数民族杂居地区，本来就人口稀少，物资缺乏，又不是根据地，很难得到群众的支援。张思德和同志们往往就蹲在山洞、草棚、雪窝里，互相依偎着取暖。张思德还经常坚持站起来，在雪地里走动走动。一些老战士告诉他，伤腿不活动活动再冻坏了，就得锯掉的。

张思德拄着木棍，望着那漫漫雪野，从未有过的失落袭上心头……

心向陕北

正当南下红军在百丈关喋血苦战的同时，毛主席亲自率领的红一方面军在直罗镇战役中，取得了关键性的胜利，为把中国革命根据地建立在陕北举行了一个奠基礼。这一胜利的消息在红军部队中广泛流传，官兵们对张国焘南下方针的怀疑和不满情绪也在日益增长。为此，张国焘不得不在 1936 年 6 月接受党中央和毛泽东的意见，停止向南进攻，转而北上。

为实行北上方针，南下红军按计划要求，分为 3 个纵队向西北攻击，在川康地区取得相对安定的环境后，稍加休整，再向甘南挺进。张思德就是这样拖着一条伤腿，参加红军翻越雪山考验的。

前面就是折多山，老乡们一听说红军的队伍要爬雪山，连连摆手道:“这神山魔山，鸟都飞不得，十人上山九不还啊。”可敌人早在其他的道路上布下了重重的封锁，而眼前的活路，又被认定是死路，怎么办？红军只有一搏。而这一次的对手，是看不见摸不着的大自然。

海拔5000多米的折多山，从丹巴至道孚沿线，山顶终年积雪，虽已初春，仍是大雪封山，翻越十分艰难。张思德拄着木棍，挪动着伤腿，全凭毅力一步一步地跟进。

无法筹到粮食和御寒的冬衣，仅有的两串辣椒被熬成了两大锅辣椒水，每人一碗，喝完上路。陡峭的雪路上，穿着褴褛单衣的红军战士用刺刀在坚硬的冰面上挖出脚窝，后面的队伍就踩着这些脚窝前进。没过多久，行进缓慢的队伍越拖越长。头顶上有人，脚底下也有人，山势越来越陡。阳光刹那间就不见了踪影，雪山目空一切，卷起漫天雪雾，冰雪在官兵的脚下发出咬牙切齿的嘶鸣，雪流撞击在冰岩上激起巨大的雪浪。然而，空气越来越稀薄，连呼吸都变得困难。很多战士因为疲惫和饥饿坐在了雪地上，这一坐，便成了冰雪的雕像。

部队是下午开始爬山的，入夜，到了半山腰，风雪越来越大，部队不得不停止前进，就地宿营。那一夜无法生火，也无处避风，连队靠人挤人挤成一堆相互取暖、避寒，战士们轮流站到外圈去抵御风雪。张思德也争着要到外圈去，几次站出去，都被战友们拉了回来。大家说，现在腿比什么都重要，你的腿不能再受冻了。张思德在战友们的轮流护卫下，蹲蹲站站地度过了一夜。

第二天拂晓，部队继续前进，向山顶登攀。山势陡了，张思德一手拄棍，一手握着刺刀，走一步，用刺刀在前面扎一个脚窝，再搬动伤腿放进脚窝里，撑着木棍挪一下。山口处，不时卷过一阵雪暴，雪雾弥漫，十步开外都看不清人影。雪粒打在脸上生疼生疼的，一会儿，脸就被打麻木了。有人被风卷着滚了下去。张思德把刺刀扎在雪坡上，人趴着一动也不敢动。等雪暴过去，再爬起身一步一步地挪。

一位三过雪山草地的将军生前曾回忆，第一

次过雪山时，许多同志病饿而死，遗体来不及掩埋；第二次过雪山时，看到烈士遗体上的衣服已经没有了；第三次过雪山时，只看到了一堆堆白骨。“我们流着泪，从他们的身边走过。”风雪交加的高山上，烈士遗骸成为红军队伍前行的路标！

世界上有哪支军队能有如此的信念与力量！

翻过雪山，一身战伤的红四方面军仍像下山的猛虎，令川军闻风丧胆，他们在川西纵横驰骋，攻城夺寨，向西夺取了西康东北重镇甘孜。

从 2 月下旬到 4 月上旬，在短短的 2 个月的时间里，就又控制了东起懋功西至甘孜，南达瞻化、泰宁，北连草地的大片地区。

在这一地区里，他们休养、整训、筹粮，积极进行北上陕甘的准备。休养期间，张思德的腿伤好得出奇的快，他又能风风火火地工作了。但这一段南下，他不只伤了腿，内心受到的伤痛更大，又有许多战友在他眼前倒下了，南下才三四个月，连队损失近半。他平时话就不多，这一段话更少了。红四方面军这次南下减员很大，从原来的 8 万余人减至 4 万余人。部队进行了整编。整编中，张思德被调到师通信营任班长。

1936 年 6 月，红二、红六军团从滇西北进入川西北，在甘孜与红四方面军会师。随后，红二、红六军团和红三十二军编成红二方面军。

7 月初，红二、红四方面军陆续开拔，向甘南进军。

又一次面对大草地，它依然是那样的苍苍茫茫，雾气弥漫，风雨莫测，变化无常。

这已是张思德第三次跋涉了。前两次过草地，南下又连续作战，死去的人太多了，还能活着继续前进的战友太珍贵了，张思德对战友倍加关爱。他是通信班班长，这次他要把这整个班一个不少地带出草地，因而样样都想得很细。行军他在前面蹚路，要求战士必须跟他的脚印走。露营，他打个盹就爬起来，挨个看看，他怕这看似平整的草地下会有可怕的陷阱，摸摸这儿，看看那儿，要是有地方渗水了，马上把战士叫醒，挪个地方。别人又睡了，他不睡，再给篝火加把柴，守着，让同志们更暖和些。他的伤口本已康复，但草地里湿气太重，又开始溃烂。脚在臭水里泡得又红又肿，但送信或传达命令，他总是自己去。同志们跟他争，他不让，副班长不忍心，和他吵，非要轮流去送，他说："他们岁数小，在这草地送信我不放心。"还关照副班长："我不在时，你带他们走一定要小心。"

在这次过草地时，他关心最多的是炊事班班长老秦。老秦50多岁了，一直挑着饭锅过草地，宿营了，还要支锅烧开水，或煮野菜，比别人更累。张思德就帮他挑饭锅，有时也让班里战士帮他挑。宿营时帮他挑水、捡柴。

一次，张思德走着走着，不见老秦了，就站下等他，等了一会儿，还不见他，不放心就回身去找。老秦正坐在草墩子上直喘。他问怎么了，老秦起身挑起饭锅又走，张思德一把拉住他："你到底怎么了？"伸手摸摸他的脑袋，不烫，知道他一定是饿得走不动了，就掏出自己的一点炒面，捧在手里，让他吃一点。老秦死活不吃，说："你留着吃吧，我年纪大了，你年轻，以后的路还长着哩，革命还靠你们哩。"张思德说："叫你吃你就吃吧。我年轻，挺得住，你跟我爸爸一样年纪了。在这革命大家庭里，你就是我父亲，我就是你儿子，快吃吧。”他挑起饭锅，扶着老秦，一块赶上了部队。

过草地途中又断粮了。虽然准备时间比上两次长，但川康地区粮食很难筹集，过草地的时间也比前两次多了几天，所以到后期仍靠找野菜充饥。有了上两次过草地的经验，大部分人采野菜都小心了。班里有几个小战士是后来补充的，张思德每次都叫他们跟着自己，唯恐他们误吃了有毒的野菜。不熟悉的野菜，他总是先尝尝，没事了才叫大家吃；兄弟班排的战士采野菜也找他辨认。张思德“尝百草”的事，就是这第三次过草地时传开的。

一天，张思德他们来到一片水草丰茂的沼泽地上，休息号隐约传来，张思德就和战士们四处去寻野菜。忽然，一个战士惊喜地叫起来：“看，野萝卜，水萝卜！”张思德一看，在一潭死水塘边，果然长着很多像萝卜缨子的植物，一片片、一丛丛、一簇簇，大家的眼睛全都亮了，炊事班班长有气无力地说：“这可够一个连填饱肚子。”一个小战士正要采下一把往嘴里填，张思德马上制止了。

草地里误食毒草致命的事时常出现，上级通

过书面和口头通知过多次，不能随意采食，还画出图让部队辨认。但那时的人都饿到麻木了，只要可以消除这煎熬的饥饿感，便顾不了那么许多了，再说，谁又能认准究竟哪个是有毒的，哪个又是没毒的呢？

“我先尝尝看，要是没毒，我们再采。”张思德对战友们说着，便拔出一把，摘下一片叶子放进嘴里嚼一嚼，隔一小会儿又换另一丛，采下一片，再嚼一嚼，战友们眼巴巴地看着他，直咽口水。突然，张思德觉得肚子一阵阵绞痛起来，接着又开始大口大口地吐着胆汁……“有毒！有毒！快告诉大家……”张思德抓住一个战士的手臂，慢慢地昏迷过去。战友们赶紧把他抬到卫生队，紧急服下一些药后，才终于缓过来，从鬼门关捡回了一条命。

后来，张思德尝毒草的故事，被一再地讲起，大家心中满是赞许和敬意。张思德却谦虚地说：“我的命也是战友们救回来的。”

张思德不只是尝百草，还尝水。一次，在一处宿营地，有的战士喝水也中了毒。师里让通信班赶快通知各部队，那一晚张思德跑了大半夜，挨个部队传达师里的通知，防止喝水中毒。这以后，张思德又多了个心眼，到一个地方，喝水他总要先尝尝，才叫班里战士喝。

张思德就是这样，总是把生的希望让给战友，把死的危险留给自己。

茫茫草地，又累又饿，红军队伍拖得稀稀拉拉，不断有人消失在路上，连影子都没能留下，只剩一顶军帽和一片汩汩的水泡。战士们的青稞炒面差不多都吃光了，找不到食物，就连一棵草根都成了佳肴。张思德和战友们也断了粮，大家早就饿得气力全无、头晕眼花。张思德左手拄着拐棍，艰难地前行。说起手里的拐棍还是老班长拾到，留给张思德的，老班长说是捡来的，大家都明白这一路走来凡是捡来能用上的物件，其实都是遗物。

每天早晨，部队都要清点人头看还有多少人在。有些战士在被找到时还是活着的，他们睁着眼睛，就是直不起身来，也说不出话。当他们被扶起，又很快重重地跌回泥塘里，就这样死去了。上级一再命令，必须就地掩埋牺牲的战友，不许曝尸荒野。但活着的人都已精疲力竭，就是想埋，草地里又到哪里找土呢？张思德每走过一个牺牲的战士身边，都会竭尽全力找来一些能够遮盖的东西，再鞠上深深的一躬。

过了葛曲河不远，张思德看见路边有一堆堆的篝火灰烬，就兴奋地对战友说：“这是中央红军走过的路啊！”望着那一片片被踏倒的野草，他就想：“中央红军是好样的，他们北上步伐比我们快啊！”

这天晚上，同志们燃起篝火宿营。篝火在夜空下欢乐地跳跃着，一口破破烂烂的行军锅，正架在火上烧开水。温暖的蒸汽冒出来，被火光映照得像缕缕青烟。

张思德坐在篝火旁，不时地往里添加柴火，他把拾来的生柴湿枝，堆在火堆旁烘烤，待到烤干后留到转天用作生火的“明柴”。

战友们你挨我我挨你围坐在火堆边上，你一句我一句地谈论着抗日的前途，各方面军会师陕北的大好局面，大家越谈越觉得有奔头，情绪十分高昂。

张思德随手拿起一根树枝，比画着说：“我们红军，好像一棵狂风吹过的大树，虽然掉了些叶子，但是主干保住了，而且，更加坚强了。”

战士们都感到张思德的这个比方既新鲜又恰当，说：“班长，讲得好呀！”

张思德忙解释说：“这是听一位首长讲的。”他告诉大家，他去营部送信的时候，还听说有位首长写了首诗呢！

听他这么一说，战士们都急切切地催促，让张思德给大家伙儿念念。

“诗挺长的，我记不大全，只能给你们念几句。”张思德歉意地笑了笑，随后深情地朗诵起来：

“上盖风雪刺骨寒，下铺水草烂泥滩。

仰面只等东方红，陕北去找毛泽东！

……”

“好哇，好诗！”

张思德的朗诵，被战友们的掌声和叫好声打断。大家伙儿不约而同朝北方的天空望去，草地上连绵不断的篝火堆，闪着鲜红的火星，几颗迸溅出来的，融入深蓝的夜空，向着闪闪发光的北斗星飞升。

“仰面只等东方红，陕北去找毛泽东！”

战士们一边向远方眺望和憧憬着光明前途，一边一遍又一遍地吟诵着方才听到的诗句。

过了葛曲河，再那边就是干草地了。部队一出草地，就接到战斗命令，开始实施“岷、洮、西作战计划”。

当时，甘南国民党守敌得知南下红军又北上快出草地了，慌忙布防，企图在西固至洮州、天水至兰州布置两道封锁线，阻止红军通过甘南。方面军指挥部下令，部队一出草地即强行军，速进甘南，先机夺取岷县、洮州、西固地区，以利北进。

张思德他们昼夜兼程，没躺下睡过觉，没埋锅做过饭，连建制都跑乱了，只有一个字：快！快！奔袭途中，上级还传达说，党中央已派出一方面军南下部队来接应我们了，部队情绪更加振奋。

先头部队是 8 月 5 日开始行动的，几天后就攻占了腊子口，继而又占领了大草滩、哈达铺，逼近甘南重镇岷州。接着又连克洮州、旧城、渭源、通渭，打开了一个宽大的北出通道。

9月30日，整个红四方面军4万多人马全部开拔，兵分5路向北疾进。

10月9日，红一方面军部队与红四方面军总指挥部及先头部队在会宁城下胜利会师。捷报传来，全军欢腾。一时间，10月的陇东大地上展现出一幅蔚为壮观的风景：秋高气爽，蓝天白云，大军疾进，滚滚征尘，绵绵高原上，人欢马叫，军号声声……

张思德所在部队是在先头部队会师后进入会宁的。那天仍是红旗招展，人涌如潮，两个方面军的干部战士热烈握手拥抱，人群熙熙攘攘，三人一堆，五人一伙，嘘寒问暖，说短论长，虽都不熟悉，但总觉是别后重逢，战友情深。那时会宁城里街道上都贴满了标语、宣传品，都是红一方面军部队张贴的。一些房子、大院前还贴着“供水点”的标志。因为会宁城历来缺水，河沟里的水又苦又涩，吃了会浮肿拉稀，老百姓全靠储存雨水、雪水维持生存，家家都有一个水窖，存水多少标志着贫富状况。红一方面军进入会宁后，就把国民党政府、军队部门和地主老财家的水窖都查封控制，专备给红四方面军的同志到来饮用。

师部驻扎后，通信营到街里按上级分配的供水点去拉水，张思德不禁想起那时捻毛线、织毛衣欢迎红一方面军的情景：“会师了，多高兴。如今一年多后，绕个弯子，又回来了，但这次是红一方面军欢迎我们了。这次会师，不能再分开了。”

03 忠实践宗旨

留守模范

由于长期作战，张思德的身体极度虚弱，长征途中，他曾3次负伤。1936年10月，他旧伤复发，必须进行救治。组织上决定安排他到荣誉军人学校学习、养伤。

荣军学校？那不就是残废军人医院吗？不就是要离开作战部队了吗？张思德怔住了，他不能接受组织对他的这般照顾，他找到教导员说：“教导员，我不是残废军人，不能让我去荣军学校……”

“革命战士要执行命令！”教导员理解张思德，但养好伤才是他此刻最需要的。张思德望着训练场上生龙活虎的战友们，而他却只能拄着拐，一步一步地移动。

服从命令，张思德离开心爱的部队和战友们，按时抵达荣誉军人学校。荣誉军人学校设在泾阳县安吴堡，专门收容各部队精减下来的伤病人员，这里既是学校，也是医院。学习、休养、治伤——正如医院院长所说，谁恢复得好，恢复得快，谁就能早点回部队去。

张思德一听，来了劲头，为了早日归队，他不仅积极配合治疗，还鼓励战友重拾信心。医院护理人员经常忙不过来，他就帮忙扫地、打水、倒垃圾……张思德挨个病房去帮忙。

三月里，河水冰凉刺骨，一大早，张思德趁着没人注意，端起一大盆昨晚就收拾好的病员们的衣服和换下来的绷带，到村口小河边上去洗。刚开始，他赤脚踩在河水中，脸色冻得发紫，洗到一半时，额头上竟渗出了细细的汗珠。

突然背后一声呵斥："张思德！你怎么这么不听话。"

猛回头一看，原来是护理班长，奔波一路的她正上气不接下气地训斥道："找你大半天了！昨

天跟你说，你的伤口溃疡，要好好养伤，不许乱动，更不许碰水！”

张思德憨憨一笑，举起左臂，示意她说：“班长莫生气，伤口一点儿没沾水。”看着满满一盆的衣服和绷带，护理班长是又气又感动。

“为了革命，为了人民，虽然负了伤，从不畏惧，也不悲伤，流血牺牲也是光荣。我们听党召唤，我们心向太阳，养好病，治好伤，学好文化，习好本领，再上战场，再上战场！”这是张思德和病友们每日都要唱响的《荣校之歌》。

在荣校，有康复治疗，也有政治教育。党支部组织战士们学习《中国共产党在抗日时期的任务》《为争取千百万群众进入抗日民族统一战线而斗争》等党的有关文件。张思德学得认真细致，政治觉悟有了新提高，对革命战争的理解也更加深入，特别是对共产党的性质有了深刻的认识，他郑重地向荣校党组织递交了自己的入党申请书。

1937 年 10 月的一天，22 岁的张思德迎来了人生中激动而又庄严的时刻，他被组织批准光荣地加入了中国共产党。

西安事变后，国共两党第二次“握手”，红军改编为国民革命军第八路军。

入党后的张思德更加注重政治修养，学理论、学著作，不断进步。他的伤口也日渐恢复。听说八路军就要开拔上前线，张思德心里焦急想归队。可一纸命令，他却被调到八路军后方留守处警卫连一排三班当班长。想到回不了作战部队，张思德有些失落，但作为党员，他毅然受命，以最快的速度赶去泾阳驻地报到。

从西安运往延安的抗战物资，常在泾阳中转。警卫连经常担负武装押运的任务。1938 年 8 月的一天，张思德所在班接到紧急命令，立即全副武装集合，身为班长的张思德带领全班赶赴七贤庄一号“八路军西安办事处”报到。

办事处一位老领导向张思德全班交代了本次的护送任务，说这是为党中央送的重要物资，务必保证安全运到延安。

“首长放心，人在，物资在！”张思德和战友们齐声答道。

8 月 2 日，车队出发。10 辆车 11 个战士，张思德坐在最后一辆车上，警惕地注视着车队和四周的情况。傍晌，车队进黄陵山区，下起了小雨。山路崎岖，车队缓缓地爬行。这里地形复杂，险情多，必须在天黑前通过。张思德急了，下车指挥车队加快速度。这些司机大多是雇来的国民党老兵，你急他不急。

“这路能快得起来吗？”张思德不能发火，只能一辆辆地催促。

一会儿下起瓢泼大雨，天地间白花花的一片，陡窄的山路上沙石滚滚，车实在没法开了，长长的车队就趴在弯弯曲曲的山道上。天已黑了，一边是山，一边是陡坡，这么长的距离，出个情况可不好应付。

张思德招呼司机尽量把车挪得集中些，可那些雇来的国民党老兵不听吆喝，纷纷自找避雨的地方歇息去了。张思德动员几个司机把车拢了拢，又组织押运班，一辆辆地往车轮下垫石块，系牢篷布，加固车辆，接着布置警戒。地势险峻，车队又长，他集合全班开会研究警戒方案，设置了流动哨和潜伏哨，为应付突发情况还留下一个机动组。

夜黑得对面不见人影，张思德在泥泞的山道间来回奔波，不停地巡查车辆、哨位。他怕战士们疲劳打瞌睡，就不时地叫着战士的名字。雨虽停了，山里潮湿寒冷，伤腿经暴雨一淋，疼得厉害。他山上山下来来回回地奔走，泥泞的山道上，不知摔了多少跤。这一夜，漆黑的山林里没停息地传出他呼唤战士名字和战士应答的声音。

天亮时，大伙都认不出他了。他变成了一个泥人，满头满脸满身全是泥巴，一说话，只露出两排白牙。那些司机回来，见他这个样子，都很羞愧，低下头，赶紧检查发动车辆。车队开出了黄陵山区，张思德紧绷的神经才松弛下来……

诚信借驴

1939 年年初，国民党顽固派不断制造反共摩擦事件，对我泾阳八路军留守处的挑衅持续升级。为顾全大局，也为了伤病员们的安全，泾阳留守处和荣誉军人学校主动撤出了泾阳，向北往旬邑方向转移。这一撤，断断续续地走了一年多，从泾阳到旬邑，又从旬邑到夏寺湾。走走停停，停停走走，在不间断的反摩擦斗争中，张思德经历了多种情况的锻炼考验，变得成熟老练多了。

北撤一线，警卫连挑起了重任。留守处和荣誉军人学校整体搬家，警卫连既要打前站、断后、沿途警戒，还要检查群众纪律、照顾伤病员。每天，张思德的肩上都要背上两三支步枪，压着三四个背包。连续行军，大家的鞋子都穿烂了，张思德就带领大家割马蔺草，宿营时教战士们打草鞋。为帮战士打草鞋，他一干就是一通宵，当大家从睡梦中醒来时，张思德捧出 10 多双刚打好的草鞋，分发给急需的战士们。

北撤途中，重伤员全靠担架抬、毛驴驮。毛驴成了重要的交通工具。但因国民党的虚假宣传，沿途老百姓对八路军产生了畏惧心理。经常是路过一个村庄，所有门户紧闭，导致八路军连住宿都成了难题，更别说借到骡马。有时，好不容易在村子里住下，国民党又胁迫一些农民不让八路军住，说怕八路军“占了他们的家园”。群众工作成了北撤途中的一大难题，张思德经常安慰战士们：“耐心点，再耐心点，大家将心比心，重点在于理解对方，替他人着想。”

陕北毛驴多，但沿途很难找，老乡们大多是听到消息提前把毛驴藏起来了，有时找到了，老百姓却不肯外借。借毛驴还有个规矩，毛驴的主人得跟着送，送到驻地再带着毛驴回来。

老百姓怕毛驴有借无还，一个个商量好似的干脆就拒绝不借。借毛驴成了一项艰巨任务，还被分成了指标，压派到各个班排，分到人头，必须完成任务，前提是不得违反群众纪律。说来奇怪，别的班常常是完不成任务，但张思德每次都能牵一头回来。能牵一头驴回来，说不上他有什么宣传技巧，但“借驴”确实成了张思德的“专利”。

其实不管干什么事情，只要动心思、动脑筋，就总有想出法子来的时候。

那是张思德十几岁时的事。有一次，他与几名小伙伴去山上放牛，突然雷电交加，下起了大雨。他们赶着牛，躲到一处山崖下避雨。这时，一块巨石从山上滚下，惊散了牛群。黄牛、水牛四处乱窜，大伙各自追牛，一会儿就把各自的牛追了回来。数数人头，咦，小咩娃不见了。大伙就赶紧找，生怕他摔着。等找到他时，他正蹲在崖边哭。原来他的牛挣断了缰绳，跑到悬崖边，站在了那里。他赶也不是，回也不是，就无助地哭了起来。大家一看，都纷纷出主意，有的说将一根长绳子扔过去，套住牛角往这拉；有的说下山从悬崖往上爬，抓住牛往回赶。张思德什么也没说，从地上拔了一大把嫩青草，慢慢向水牛靠过去，慢慢将牛一步一步地往回引。牛伸出长长的舌头，吃着草，往前走。看看走到跟前，张思德伸出手，指头一下扣住牛鼻子，牛就乖乖地站住了。“快，穿绳子！”张思德一声喊，小咩娃赶紧穿上牛鼻绳，牛就被顺顺当当地牵了回来。

可见，要想办成一件事，必须巧动心思，善动脑筋。

一天，队伍又要出发。连长发现张思德借驴还没有回来，正想派人去找，就看老远处张思德牵着一头小驴颠颠地一路小跑，身后跟着一个瘦小的老头。连长又惊又喜，向前迎了几步。

张思德向连长介绍说："连长，他是刘大爷。"一听是连长，瘦老头赶忙点头哈腰起来："八路长官，我是愿意给你们打差的，我愿意的。"连长一愣，哭笑不得，赶紧解释道："刘大爷，不用害怕，我们是人民的军队。还要感谢您愿意把驴借给我们，您放心，用完我们一定马上还给您。"

刘大爷半哭半笑的皱纹里写满了疑问，原来刘大爷听到部队进村的消息，也忙着藏驴呢，没承想还是被眼疾手快的张思德寻到了。刘大爷胆子小，张思德和他聊了好长一段时间，试着慢慢打消他的顾虑。刘大爷被这个小伙子的憨厚和诚恳打动了，便牵着驴跟他回来。可一见到队伍里那么多人，刘大爷又慌张起来。连长看着张思德，又问："你的鞋呢？"刘大爷怯生生地说："长官，鞋在我这里呢，是他硬要我穿上的。"那一天，张思德自己赤脚走了一天。聊了一路，得知刘大爷的家人都已不在，只剩下他孤苦一人。

赶到驻地后，有的战士建议，让刘大爷再送一程，省下还要再去借驴的麻烦。张思德一听着急了，说道：“不行，说好是送一程的，咱八路军对老百姓得讲信誉，不能搞欺骗。”

连长支持张思德的做法。后来，连长教育大家，做好群众工作，要向张思德学习，要用行动去感动打动群众，因为我们都来自于群众，我们是人民的队伍。

调入中央军委警卫营

1940 年春，张思德所在的警卫连从甘泉下寺湾调防到延安。张思德被分配到中央军委警卫营，当时该营下辖一个营部 6 个连和 1 个机枪排，全营 900 多人。张思德被分在营部通信班任班长。

张思德长征中就当过通信班班长，对通信工作有自己独特的认识，他说：“我们通信班是领导机关的腿，人没有腿不行，革命机关没有通信员，上级指示就传不下去，革命工作就受影响。”他还对战士们说：“你们都要记住，我们是中央军委警卫营的通信战士，传达的是中央军委的指示命令，你们说这个任务重要不重要，光荣不光荣？”他特别强调，送信一定要做到安全、准时，不能有一丝马虎。

通信班刚成立时，全班12个人，除他这个班长，其余都是十七八岁的新战士，每次派战士执行任务，他都要叨叨半天，战士急着出发，他还要检查信放在哪里了，鞋子合不合脚，等等，听多了，有时战士就顶他：“你再唠叨，时间就来不及了。”他不生气，宽厚地笑笑，说：“好，不说了，讲细点有好处，走吧，祝你圆满完成任务。”

那时的通信班，没有车，没有马，没有任何交通工具，不管路远路近，全靠两条腿，下雨了，连件雨衣都没有，送信会遇到许多意料不到的难题，作为班长，张思德不放心啊。

一天中午，张思德刚送信回来，路过营部，营长叫住他，递给他一封信，说：“这是封急件，立即派人送到延安总参谋部作战室去。”张思德接过信，连班也没回，反身就又出发了。总参作战室在王家坪，有近20里地，想到这是急件，他沿着黄土大道一溜小跑。到延安东关外的飞机场时，下起了大雨，张思德担心把信淋湿，想找个地方避避雨，可这是急件，又不能耽搁，从这往作战室还有10多里路哩。他站在路边着急，一低头，猛然看到脚上的鞋子，“对，放在鞋子里！”他脱下鞋，把信放在鞋里，再把两只鞋对着一扣，还不放心，又脱下上衣，包裹严实。他把衣包夹在腋下，在暴雨中奔跑。他一气跑到作战室时，雨还没停。值班参谋见他湿淋淋地冲进来，光背赤脚，挺奇怪，说：“呃，张思德，你这是怎么啦？”他顾不得回答，把衣服包往桌上一放，说：“快看看信怎么样了。”接着把衣服揭开，一层又一层，露出那双鞋，打开鞋，取出信——信干干的。张思德笑了，“给你。”值班参谋接过信，马上明白了，说：“张思德，张思德，好个张思德，真有你的。”连连赞许。

这一年的初夏，国民党对陕甘宁边区实行经济封锁，重兵包围，经常策动军事袭扰，时时有敌情传来。为了迎击敌人，保障通信联络畅通，通信班随大部队一起投入“保卫延安”的战斗。

一天深夜，张思德在睡梦中被一阵简短、急

促的哨音惊醒。快！他从床上一跃而起，紧急集合！

这一次的情况是，驻在东北方向的国民党马步芳部队阴谋袭扰延安，警卫营要火速开赴姚店子一带布防。姚店子是延安东北方向的一个小镇，距延安 50 多里。这一带两边是山，中间是河，地形险要，是东北方向扼守延安的重要屏障。战士们全副武装，急行军赶到防区，放下背包就抢筑工事。

山上长满荆棘，下面全是胶泥、卵石，很难挖。通信班分了几百米的任务。张思德说："我带一个组在前面砍荆棘，副班长带两个组在后面挖掩体交通壕，分头行动吧。"说完，就挥起砍刀向一丛荆棘砍去。张思德这第一刀才下去，长满利刺的荆条就"刷"地反弹回来，瞬间，把他脸上扫出几道血痕，洇出了鲜红的血珠。

"班长，班长，出血了！"几个战士惊叫起来。张思德抹抹脸，看了看，"哟，真出血了。大家注意了，这砍荆棘不像砍大树，一刀下去能砍得实实在在，荆棘有弹性，一定要对着根横砍。看我的。"说完，又埋头向前砍去。

全班只有两把砍刀，为抢时间，他让战士轮流上阵，歇人不歇刀，而他自己手持那把砍刀，自始至终不让人换。他的脸上、手上划满了血痕……工事挖好了，张思德在营首长验收前组织自查。有的地段深度不够，张思德坚决要求返工。战士们实在太累了，从急行军赶到这里，只啃了几口干粮，没喝一口水，张思德自己也感到气虚无力。看着战士们那为难的样子，他说：“我们的背后就是延安，是党中央、毛主席。工事是胜利的重要保障，不能有一点马虎。”说着，自己就带头跳下去，干起来。

看着满脸满手都是血痕的班长下去了，战士们哪能待得住呢？营里检查，通信班的工事受到了表扬。

连着几天，部队展开了阵地练兵。张思德军事技术挺过硬，射击，能左右单手使枪；刺杀，能一口气干净利索地完成三套劈刺动作；投弹，右臂负过伤，不行，就练左臂，左臂能投 50 多米，练好了左臂又练右臂，也做到了左右开弓。他要求战士们起码要达到他这个样子。

那时，通信班的武器装备还是不错的，每人

一支三八大盖或是自制的金钩儿步枪，三颗手榴弹，还有一把大刀。行起军来，肩扛步枪，腰佩手榴弹，背插一把大刀，刀柄上飘着红绸子，英姿飒爽。

在阵地上，大伙都很兴奋。一连几天，敌人没有动静，大家就有点耐不住了。对于敌人进攻边区，战士们十分气愤，但又盼着他们快来，不来就没仗可打，不热闹了。小战士们一个劲地问："敌人怎么还不来啊？"张思德说："沉住气，抓紧阵前练兵，打仗可是真刀真枪的，别光想着热闹。"他抓紧战前时间，给大家讲伪装知识、射击要领，讲怎么利用地形地物，怎样做到视界开阔。为了放近了打，节省弹药，他还在阵地前特别标明了射击地段、投弹地域。

每天早晚时间，他按时组织全班进行刺杀和劈刀训练。他说拼刺刀、拼大刀是革命战士必备的胆量和本领，并一再对全班讲："我们这次守姚店子，是阻击战，只要还有一个人，也得坚守阵地。我们一定要有拼刺刀、拼大刀的准备，到时候通信班谁也不能装孬。"那段时间，一早一晚，通信班在阵地上舞大刀成了一道风景，营首长很赞赏。

由于战备充分，敌人未敢来犯，10 多天后，敌情解除，警卫营返回延安。上级给警卫营规定的任务是，除警戒之外，还有三项：学习、生产、训练。张思德当战士是个要强的战士，当班长是个要强的班长，他对全班的战士说："我们通信班，三项任务，哪一项也不能落后，要样样当先进。"

说到学习，童年的张思德最幸福的时光就是在私塾读书求学那一年，在朗朗的读书声中，在知识的滋养教化中，张思德识字明理立德。一年后，为了贴补家用，张思德跟着父亲耕田种地，不得不放弃学业。参军后的张思德更加珍惜每一个学习的机会。

越是条件艰苦，越要抓紧学习。战争环境下，没有安静的课堂，没有充裕的时间，就连一张属于自己的课桌、一支笔、一张纸都成了奢求。在延安相对安定的环境下，有领导对干部战士文化学习的鼓励重视，有党政机关和部队浓厚的学习氛围，张思德学习的热情更加高涨。

经常是白天的忙碌结束后，战士们带着一身的疲倦都入睡了，张思德还坐在窑洞旁的篝火边、星豆大的灯影下，稳下心神练字学习。

有一次，赶上营长、教导员夜里查铺，他们看到张思德还趴在石头凳上，一笔一画地认真撰写，便凑上前问询。“我们中华民族有同自己的敌人血战到底的气概，有在自力更生的基础上光复旧物的决心，有自立于世界民族之林的能力。”这句选自毛主席著作的名言，被张思德用炭黑蘸水写在摊平的几张桦树皮上。教导员把桦树皮轻轻拿起仔细端详，浓黑的字迹未干，真理的冲击力跃然纸上，给心灵以强烈的震撼。

张思德的勤学精神，带动了身边战友。为了帮助新战士提高政治思想觉悟，张思德总是抓紧点滴时间，组织新战士学文化，读报纸、认生字，分享学习心得。

副班长陈耀和张思德在工作上是一对黄金搭档。陈耀从中央军委警卫营四连调到通信班，教导员对他说：“班长张思德是参加过长征的老同志，你要好好向他学习。”陈耀来到通信班不久，被任命为副班长。当天晚上，张思德约上陈耀在窑洞前聊天，把全班战士的思想工作情况，一一给陈耀介绍了一番，并且告诉他怎么带领一个班，鼓励他当好副班长。陈耀说：“我文化低，识字不多，连自己的名字还写不全。”张思德说：“这不难。”他领陈耀来到一片沙地，折了一根树枝，手把手地教陈耀写自己的名字，陈耀按张思德教给他的办法，把字拆开慢慢练习，果然很快就熟记在心。陈耀感到张思德身上仿佛有一团火，能给人光和热，传递无穷的温暖和力量。张思德还把舍不得用的模范奖品——笔记本和铅笔，送给陈耀，鼓励他刻苦勤学。

抓通信班学习，张思德同样有招法，首先要克服缺纸、缺墨、缺笔、缺灯这四大难题。张思德用子弹壳自制了一种土钢笔，用烟油子或锅底灰自制“墨汁”。他还把一根吃饭用的筷子，绑在裹腿上，只要有空闲，就拿出来在地上习字。

那时的油灯非常珍贵，只有很少量的公务用油。张思德便想办法砍树照明，捡拾田间地头的蓖麻子，用细铁丝穿起来，做成了极好的“蜡烛”。

通信班门前还有一块大“沙坪”，那是他们的首创，全班学习时，围坐在沙坪上练字。这一做法很快在营连得到了赞许与推广。

烧　炭

日寇的疯狂进攻和残酷“扫荡”，加上国民党的军事包围和经济封锁，使陕甘宁边区和各抗日根据地均遇到了前所未有的困难，粮食不足，油盐不足，被服不足，烧柴不足。国民党反动派唯恐边区军民革命力量的壮大，恨不能置之死地而后快。企图饿死困死八路军。为了粉碎敌人的阴谋，边区军民从 1939 年开始，就响应毛主席“自己动手，丰衣足食”的伟大号召，开展了生产自救运动。自己种菜，自己打粮，自己养猪，自己烧炭，极大地缓解了边区的经济生活困难。

“米脂的婆姨绥德的汉，清涧的石板瓦窑堡的炭”，其实不只瓦窑堡，整个陕北的木炭都是远近闻名的。

在延安的岁月中，每年夏秋季节，各机关、部队都要抽调大批人员进山烧炭，木炭是他们冬季生存的重要物资。

在调入中央军委警卫营后，张思德有好几年都要执行烧炭任务。现在，张思德留给我们的唯一的一张照片，就是那张炭窑出炭的黑白照——黢黑的面庞，抱着一捆木炭，探出上身，深凹的双眼微笑着直视前方。据说，这张珍贵的老照片是总部机关的一名干事在烧炭现场为他拍摄的。

1940 年 7 月，张思德刚吃完早饭，就被营长叫到跟前。营里接到上级增加木炭生产的计划，决定组织一个烧炭班进山烧炭。班长的人选，营领导一致选中了张思德。

营长对他说："这次烧炭班一共 11 个人，除你之外都没烧炭的经历，你们的任务是 10 万斤。怎么样，有困难吗？"

张思德敬了个礼，说道："保证完成任务！"

其实，困难明摆着，人手少、任务重，张思德做了迎难而上的心理准备，首先就是要给烧炭班每一位成员建立信心。

当天，一班人收拾行囊，出了延安城，进了60多里外的土黄沟。土黄沟并不像它的名称那样，实际是一带老树参天的高山密林。张思德带着烧炭班进山时，抬头都望不见太阳。这里一片一片的青冈木，是烧炭最好的材料。张思德一路上在给大家鼓劲，到了驻地，战士们异口同声地说："没问题，听班长路上那么一说，这里有这么好的条件，班长又是行家，咱们一定能完成任务。"

张思德心里明白，第一次烧炭，10万斤，没那么容易，别说新手上路，就是老手把持，也不是件容易事。10万斤木炭起码得用几十万斤木柴来烧，光运输量就是100多万斤。满打满算3个月下来，每人每天得扛着一二百斤的东西来回跑。说干就干，张思德把全班分成两组，一组负责打7个窑，另一组负责砍树运树。打窑技巧、砍树技术，张思德一一向战士们传授。现场指导的张思德两头跑，上午指导打窑，下午上山砍树。

烧窑有多道工序，打窑、砍树、装窑、点火、封火、出窑、捆包等。封火是最关键的环节，封火

早了，炭烧不透，没烧透的树干，外面成炭，里面是实心木，烧起来火不旺，俗称“羊角把儿”；封火晚了，就成灰了。为了保险，也为了培训骨干，张思德决定第一次只开火一座窑，他请来了附近村子里的老乡刘三哥，领着几个骨干全程学习，其他人抓紧砍树。到临近封火的那几天，他领着几个骨干天天守候在那里，观察烟道出烟的变化。这是烧炭技术的一个关键环节，烟色的浓淡标志着窑内木炭的成色。

在烧炭过程中，张思德一直强调抓质量，出好炭，要求大家还得记笔记。每一窑烧完，他要组织讲评。就是烧出了好炭，但讲不出个道道，也会受到他的批评。他说：“要保证烧炭质量，就不能打糊涂仗，必须心里明白。”

一次，副班长陈耀那个组烧出一窑特别好的炭，每块炭都明光光、蓝幽幽的，像上了一层电光，敲起来还“当当”作响，没一点“羊角把儿”，碎的也极少。出完窑，张思德就把大伙都叫过来参观、讨论，还让陈耀一项不落地介绍经验。

张思德注重调整人力，使各个窑的装窑、出

窑时间交叉开来，尽量不出现空当。这下砍树组压力就更大了，张思德便一直跟着砍树组作业。他带头1天能砍20多棵，带动着大伙谁也不甘落后。

在全班进入状态掌握要领后，张思德又提出改进方案，试着提前出窑，先提前1天，再提前2天，看看最短能多少天烧一窑。提前出窑就是在压火后，木炭没有完全冷却时出窑，这时窑内温度高，木炭也烫人，进去有危险。第一次，他们提前1天，张思德说："我先进去，然后你们再进来。"他用湿布包了包手，往外递木炭。出这一窑炭，他一直站在最里面，窑里又烤又呛，出来时他双眼灼红，说话都困难了。后来提前3天出窑时，木炭还冒着火星星，窑温灼得人脸上火辣辣的。这时出窑是很危险的，万一风倒灌进来，木炭一着火，一窑炭就会变成灰烬。张思德动员说："一定要快！快！要跟打仗冲锋一样。"他仍是第一个冲进去，一直站在最里面，谁想换他也不行。从那时起，他们都坚持提前3天出窑，把每一窑的烧炭周期由10天缩短为7天。

进入深秋了，陕北出现了少有的雨水。10月份以后，天老下雨，这给烧炭增加了不少困难。战士的疲劳程度也大大增加。由于冒雨作业，不少人病了。山里没有卫生员，张思德就从山上采来草药，熬了让大家喝。

任务紧急，病号增多，张思德心里很急，从窑场回来，他第一件事就是看病号。有的病号躺不住，硬爬起来去干活，张思德就把他们硬拽回来，说："没我同意，你们谁也不准上山。"

那段日子，张思德自己也感到快扛不住了。他白天干活，晚上也睡不踏实，一夜要起来好几次，看下雨了没有，看雨大雨小，怕万一大雨冲了窑，或者雨水灌进烟道，那就糟了。雨大了，他总是自己一个人去查窑。有一次半夜下大雨，他又悄悄爬起来，抓把铁锹就出去了。副班长陈耀和一个战士听到动静，也悄悄跟着起来。张思德去了前沟，他俩就悄悄去查后沟。半道上他们碰上了。张思德不高兴地说："你们不好好睡觉，跑来干什么？有我一个人就行了，真有事，我不会叫你们吗？"回到宿舍还一个劲地关照："轻点，轻点，别把大伙吵醒了。”

烧炭快结束时，他们才超额了1万多斤，没能完成超额2万斤的任务，但营里还是表扬了他们，大伙也真的吃了顿红烧肉。管理员送肉来的时候，张思德觉得很不好意思，说：“没彻底完成任务，挺惭愧的。”管理员一个劲地说：“没有的事，没有的事，营里很满意，营长还说了，多几个张思德这样的班长，没有干不成的事。”

从那以后，年年烧炭都少不了张思德。张思德烧炭的名气也传开了，常有兄弟单位来人请他去指导。每当有人请，不管自己的任务多紧多重，他都欣然前往。去了，就扑下身子干。他说：“大生产、大生产，大家都搞好，才能打破国民党的封锁。”

开　荒

1941年深秋，警卫营开进了南泥湾。那时的南泥湾遍地沙棘、漫山野草，经历了清朝统治者挑起的回汉民族纠纷后，这里成了一片人去村废的荒地野岭。

一切从零开始，没有工具，打造工具，没有粮食，播种粮食。刚进驻南泥湾时，没有住所，张思德带着全班在树林里砍来树枝搭起三角篷。篷遮是茅草，被褥是茅草，战士们玩笑地称它为“战地之家”。后来，又在山崖找到了一处洞穴，免去了淋雨之困，安度风雨之夜，又有了“避雨别墅”的称号。

搞生产，张思德早已是模范。北撤途中，在旬邑坑桦宫小驻的时候，全连 60 多人曾开了 1000 多亩地，种了一季小麦，总结时，全连评出 3 个模范，他便是其中之一，但真正大显身手，还是在南泥湾。当时，毛主席曾有过一段讲话：现在日本帝国主义、国民党顽固派要困死我们、饿死我们，怎么办？我看有 3 个办法，第一是革命革不下去了，那就不革命了，大家解散回家。第二是不愿解散，又无办法，大家等着饿死。第三靠我们自己的两只手，自力更生，发展生产，大家共同克服困难。毛主席说，不愿解散，又不愿饿死，那就只能靠自己动手。这段讲话，传得很广，传遍延安，也传遍各抗日根据地，对张思德震动很大。

秋天的南泥湾满目荒凉，警卫营在南泥湾东南的一片荒山里展开生产。这里荒无人烟，山坡上歪斜着百年枯树，沟坎里堆积着陈年腐叶。秋风吹过，漫山遍野的沙刺、荒草、荆棘、老梢林飒飒有声……哪里有八路军战士，哪里就有活力和希望。山野里遍地是八路军战士活跃的身影，张思德要和他的战友们在这张充满可能的白纸上绘制美丽的蓝图。

每天天不亮，通信班的战士们便带上工具，荒野四处响彻着清亮的号声。紧接着，战士们的脚步声、口号声震天动地，此伏彼起，沉寂千年的荒山顿时喧嚣热闹起来。荒山坡上，老梢林、荆棘、狼牙刺缠绕纠结，连成一片，他们挥舞着镢头、铁锹东砍西挖，苦战一天，脸上、身上留下了道道血痕，不少人的衣服还被狼牙刺扯破了，但成果寥寥。后来，他们就放火烧荒，进展快了许多。放火烧荒，更是壮观。他们在上风头辟出一块防火带就点火。秋天，一人多高的狼牙刺一点就着，火随风势，呼的一下就蹿出几丈远。战士们欢快地跑来跑去，这里点把火，那里加把柴。狼牙刺在火中噼啪作响，火舌在地表上翻腾跳跃，顷刻间连成一片。满山烟火，迎风呼啸，四处山头上，战士们一片欢腾。大火过后，灰肥满山。战士们排成长队，抡起大镢头，争先恐后地翻土开荒。

张思德开荒总是冒尖，别人 1 天一般能开 6 分多，他能开出 1 亩多。许多战士手上磨出了血疱，用绷带缠着，从早到晚，洗脸吃饭都不解开。干粮来了，伸出绷带手，抓起就啃，干粮都沾黑了。张思德手上没缠绷带，战士们问："班长，你怎么不缠？"张思德伸开手，掌上满是厚厚的老茧。"我干活干惯了，这也是革命的本钱哩！"他说，"过段日子，你们也会有这些本钱的。"有几个小战士实在吃力，张思德就叫他们和自己一块开，一块算成绩。那时每人的开荒数是每天都要统计的，也可以相互合伙干。张思德就这样带动全班，人均开荒亩数一直在全营的前列。

随着开荒的进展，工具的供应成了另一个难题。上级下发的原本就不足，战士们干活猛，不少

铁锹镢头磨损太大，已没法用了。营里发动大家想办法，找铁料，自己造。张思德带着通信班四处寻找，一天，他们在10里外的一个旧庙里找到一口破钟，有三四百斤重，高兴极了，这能打多少镢头啊。他们马上把破钟送到营部，用煤火烧，用石头砸，又借来铁匠工具，你敲我打，打出了几十把新镢头。张思德的通信班又一次受到了表扬。在南泥湾，鼓劲的口号声此起彼伏。

“同志们，加油啊！”

“谁英雄，谁好汉，劳动当中比比看！”

“争第一，夺红旗，开荒生产创奇迹！”

张思德正要挥舞起的镢头突然被按住了，原来是炊事班老王来送饭了。张思德喊了声：“开饭啦！”大家这才都直起腰来，确实感到了肚子饿。战士们干得起劲儿，饭也吃得香甜。张思德用着一双树枝削成的筷子，扒了几口饭，和战士们你一言我一语，边吃边聊，不一会儿吃完饭放下筷子，就握起镢头干开了。张思德走近那把斜插在地里的老镢头，正要伸手拿，被大李一把夺去，大李指着张思德的镢把上一条条红道道：“班长，你的手？”

张思德迅速地把手反背到身后，笑笑说：“我的手咋啦，不是好好的吗？”

“好好的？你看这上头的血——”那个小个子战士一个箭步蹿到班长身后，轻轻捧起班长的手，举给大家看。班长手背上划的一道道长长的血口子，看得人心疼啊。“班长你把好用的工具都给我们了，自己用的镢头又重又粗，但挖起地来，你用劲比谁都狠，开荒开得比谁都多、比谁都快，你的手伤成这样，也不吭一声，你这不是拼命吗？”大李说得激动。张思德拍拍他的肩膀，反倒安慰同志们：“开荒种地也是战斗，打仗少不了流血牺牲，你们不也是伤这里碰那里吗？要奋斗就会有牺牲，比起前方将士出生入死，我们这点小伤小痛算什么！”

在南泥湾开荒生产的日日夜夜，张思德和他的战友们凭着一颗红心两只手，战胜了一个又一个的困难，下了决心要把荒山变成“米粮川”！张思德带着他的通信班样样工作冒尖，在大生产运动中评上了先进班。张思德也因表现突出，被评为劳动模范。上级奖给了他一个笔记本，他在第一页上工工整整地写道：前方流血，后方流汗，为了革命，大搞生产！

从班长到战士

张思德当班长时有个“百宝箱”，工作学习之余，他最爱捣鼓他的“宝贝们”。针线、锥子、布头、麻绳……应有尽有，别小看这些不值钱的零碎，缝衣补鞋都离不了它们。

国共合作时，国民党发过一段时间军饷，那时每个战士一个月可以领到一块大洋。张思德就把钱都用在了充实他的“百宝箱”上。他的衣服、鞋袜都是一补再补，部队可以以旧换新时，他总是把机会让给战友们。

张思德的“百宝箱”，经常为全班传递使用。张思德还时常帮着战友们缝缝补补，他的手很巧，大家都知道，张思德有三绝：借驴、烧炭、打草鞋。很多战士都穿过他打的草鞋，张思德打的草鞋软和跟脚、舒适耐用，有时还编上五星之类的图案，甚至编上个人的名字。他还能用桦树皮做成饭盒，用子弹壳做成钢笔，用油烟子调成墨水……

当时，边区吃粮困难，就连糠麸子、山野菜有时也难吃上，战士们很久没有吃饱过。再加上体力劳动，很多人的身体吃不消了。尽管这样，每次开饭，大家仍在你推我让。每到开饭，张思德吃上两口就悄声起身去打开水，提前离开，把自己那份粮食匀给新战士。时间一长，大家都发现了这个秘密。一次，班里分到一个黑面馍馍，战士小韩自作主张把它放在张思德碗里，张思德又放了回去，正准备起身去打开水，副班长拎着满满的水桶进来了。战士们把张思德硬拽着坐下，纷纷说道："班长，有难同当，你不能再把粮食让给我们了……"望着大家真诚的双眼，张思德的眼睛湿润了，副班长想出了好主意，一分为十二，一人一份，才平息了这场"纷争"。

助人为乐是一种风气，你做我做，人人都在做。而张思德更能做到时时处处为他人着想，最难得的是没有差别心，对待他人，就如同对待自己，甚至好过对待自己。张思德做到了，他的故事被身边的战友们讲述着、效仿着。

为落实中央提出的精兵简政方针，部队展开了整编工作。1942 年 10 月，张思德所在的中央军委警卫营和中央警卫教导大队合并，整编为中央警备团。原警卫营通信班将被裁撤，战士们补充到各个连队。这意味着当了 7 年班长的张思德在这次调整中，要改当战士了。大家一时难以接受，都红着眼圈，谁也不愿离开班长。

张思德和战士们一样，听到通信班要被撤销的消息，心里不是滋味，但他必须为全班做好表率，把精兵简政议案的前因后果和重要性一一讲解给大家。最后的班务会上，战士们一致表示拥护党中央、毛主席精兵简政的重大决策，坚决服从组织安排。可真到分别的时刻，谁也不愿第一个离开，深似亲人的革命情谊难以割舍。

张思德开导大家说道："都是为了革命事业，大家分班不分家，咱们离得都不远，以后见面的机会多着呢。革命在前进，队伍就会有变化，大家有什么困难和想法，随时来找我这个老班长来聊聊天……”

说到这里，张思德想到了刚刚原警卫营教导员淳杰找他聊天的事，说是聊天，其实就是做思想工作。见到教导员，张思德敬了个礼：“教导员！”淳杰说：“我现在不再是教导员了，工作调整，你要按老习惯应该叫我‘老教导员’。”教导员在这次改编中，级别降了，同张思德他们的情谊却有增无减，他响亮地答道：“是！老教导员，您吩咐的工作，我一定完成好。”

淳杰欲言又止：“整编命令宣布了，团里考虑你是先进班的班长，现在让你下连去当战士。”老教导员指着自己的脑袋笑了笑问道：“这里，会不会有什么包袱？”

“当班长是革命的需要，当战士也是革命的需要，班长和战士的职责不同，但为党的工作是一样的。”张思德字字铿锵地说，“老教导员，您就是我的榜样。您也最了解我，无论班长、战士，都是革命需要，不管干什么，只要干好了，就是工作的成功。请组织放心，我保证当一个好战士，做一名好党员。”

老教导员用力拍了拍张思德的肩膀，只说了 3 个字：“好样的！”

服从命令是军人的天职，战士们都把心中的依依不舍化作革命的动力，面带微笑去迎接新的工作挑战。

临行前，大家纷纷互赠礼物。张思德把获奖得来的笔记本、毛巾，还有自己编织的新草鞋都送给了战士们。他只留下一件作为珍藏，用几层油纸包得严严实实，战士们好奇抢着要看老班长的“藏品”。张思德放在手心上，小心翼翼地打开，露出一枚鲜红的五角星。

张思德说：“这是我当红军时，戴了 3 年的八角帽帽徽，为了抗日，红军改编成八路军，改穿灰色军服，戴上白帽徽。可别看我们外表是白的，可心里是红的，永远是红的！‘白皮红心’，民族大义！为了民族、为了人民，这绝不是一句空洞的口号，它需要真诚的付出、忘我的牺牲。这枚红五星，我一直珍藏着，因为它是红军革命的见证，是共产党光荣传统的象征。你们看它始终鲜红，永不褪色！”

战士们把张思德团团围住，高呼着：“永不褪色！永不褪色！”

鱼水情

深秋，延河上，张思德正奉命去李家坪中央医院为战友取药。刚走到北桥沟，远远就看见河面上漂来一片茄子、黄瓜，抬眼一瞧，两个老乡正站在河里急匆匆往上捞菜。岸边一头毛驴驮着空空的箩筐也跟着着急，不停地蹬地。

张思德赶紧跑去帮忙，“扑通”一声跳进河里。秋天的清晨，太阳还没钻出云雾，河水愈加冷得刺骨。不一会儿，谙熟水性的张思德也抽了筋。他哪里顾得上，狰狞着表情，手不停歇。老乡们看着他，又可乐又可亲又心疼。3 个人协力，加速了捡捞的进程，很快，一箩筐蔬菜被干净整齐地码放好。

“多亏你帮了大忙，八路军同志！”两个老乡边道谢，边牵着毛驴，与张思德同行。

“陕北高原上种菜，可不是易事。”张思德问道，“老乡，往啥子地方送菜？”

“河西联防部队。天没亮，我俩就出来了，想让那里的同志尝个新鲜。没承想，路打滑，全跌进河里去了。幸好碰上你啊，不然我俩还在水里泡着呢！”老乡边说边乐呵。

张思德一听是往部队送菜，心里别提多感激，本来自己搭手帮忙，遇上的却是老乡们的爱心温暖。说话间，一阵秋风吹过，3 人直打冷战。张思德急忙说：“老乡，你们等着。”说完，他扭头就往驻地跑，两个老乡一头雾水。几分钟后，喘着粗气的张思德双手抱着两套干衣服回来了。老乡们一看，手里的衣服是干的，可张思德身上的衣服还是湿漉漉的。他们不停地推让，不肯收下。张思德把衣服塞到老乡手里，转身走远后，才回头挥了挥手。老乡们不会知道，这补丁加补丁又被叠得整齐一新的衣服，张思德自己平时都不舍得穿。望着张思德远去的背影，老乡们捧着衣服，深深地鞠了一躬。

张思德两次进山烧炭，和土黄沟群众交往时

间最长，感情最深。每次进山烧炭，都在秋收季节，烧炭任务再紧，张思德也要抽出时间带烧炭班帮老乡秋收。每收完一块地，都要搞“颗粒归仓”。他们排成队，划过来，拉过去，捡起谷穗，用上衣包着，送到各家各户。几十年后，土黄沟的老人还能记起这件事，说：“也只有八路军会这个样，捡谷子也像出操一样，真有意思。”

烧炭队第一次进土黄沟，在老乡家住过相当长一段时间。张思德住在一个姓马的老大爷家里。每天，他都帮房东扫院子、担水、喂牛，有时还帮他家哄小孩，处得特别亲热。那次会餐，吃红烧肉，每人才分五六块，张思德舍不得吃，偷偷藏了起来，过后送给了房东家的孩子们。

土黄沟的刘三哥一直是烧炭队的技术指导，张思德和他的相交相识还有一段惊险经历：土黄沟狼多，一天中午，忽听村里一阵惊叫，张思德出门一看，是狼叼着一个小孩跑了。他急忙回身从屋里抄起三八大盖跟着追去。追赶中，有人喊：“用枪打！用枪打！”张思德不敢开枪，怕伤着孩子，边跑边装上刺刀。狼叼着孩子钻树林，跳沟坎。张思德也很敏捷，穷追不舍。狼只得丢下孩子逃了。这孩子就是刘三哥的儿子。自此，刘三哥和张思德成了亲兄弟，每年烧炭他都忙前忙后的。

土黄沟有个军属王大娘，张思德第一次见她时，她正蹲在门口发怔，见到张思德就拉住他说话。原来她儿子参加八路军一年多了，一直没来信，她很担心，见到八路军就想多说几句，张思德就坐下陪她聊。他告诉大娘，他家是四川的，现在不也在陕北吗，革命没有只在家门口革的。他说他出来这么多年了，没得到过家里的一点音讯，哪有儿子不念娘的，哪有娘不念儿子的。他还说："我们就是你的儿子，有什么事就叫我们一声。"

回来后，他又对班里战士交代，要大家隔三岔五地去王大娘家看看，有活干活，没活也要陪大娘聊会儿天。刚到土黄沟的时候，张思德去挑水，发现井水挺浑，就问马大爷，这井水一直是这样吗？马大爷说，原来挺清的，这两年下雨漫进脏水了，大概井底淤了不少泥，大伙一直说要淘，一直也没人淘。张思德就请马大爷找来淘井的夹钩等工具，带着战士们一个下午把井淘清了。第二天又用石头把井台垒高，防止脏水漫进去。

后来，烧炭队自己打了窑洞，离村子有一段距离，张思德隔段时间就要到村里走走，看看乡亲们有什么事要做。特别对王大娘，总不忘安排战士轮流去看望。下雨了，看窑洞有没有受损；刮风了，看窗户纸破了没有。他自己隔一段时间也总要去陪大娘聊会儿天。管理员送来了白面，蒸了馒头，他也要拣几个好看的，派战士给大娘送去。一次下了一夜暴雨，第二天张思德派副班长到村里去看看。副班长回来说，都挺好的，没什么事，就是村头那个小木桥给冲坏了。张思德当即抽出 4 个人，带着他们，一上午修好了小木桥。

村里人见了烧炭队都很亲。王大娘逢人就说："我一个儿子参加了八路军，现在又添了 11 个儿子。"马大爷也经常背着手到窑场上来转转。那次雨季，战士病号多，治病就靠马大爷采的草药。张思德那次还跟着马大爷学，又认识了不少药草。

一次，一个战士砍树砍到了腿上，都快伤着骨头了。张思德忙着包扎止血，命副班长赶快去村子里请马大爷。山里人有山里人的办法，马大爷用带来的草药捣烂糊在伤口上，很快就止住了血。以后马大爷按时来换药，只半个多月，战士的伤口就愈合了。

还有一次窑场转场，那里的土质不好，塌了一次窑，差点砸死人。刘三哥知道后，急了，跟张思德吵了一架，嫌张思德不叫他来指导。他跟张思德说：“以后再有这事，我不在，你们不要乱动。”好像他是这窑场负责人似的。烧炭队每次返回延安，马大爷他们都要来送行，人走远了，他们还在喊：“明年，你们一定要来啊。”20 世纪 90 年代初，有人去那儿采访，一些老人还能记得那个烧炭队，说：“那个黑大个子张班长对人可亲啦。”

1942 年的冬天，马大爷忽然来到警备团找张思德。土黄沟的人很少有到延安来的，有不少人一辈子都没出过山，马大爷这次来还带着他的小孙子。张思德以为他们有什么急事，忙问：“来延安办什么事，要我们帮忙吗？”马大爷说：“没什么事，就是来看看你们，也看看延安。小孙子天天吵，要找张叔叔玩。”张思德笑了：“就为这事啊。”张思德又问起王大娘等人的情况，问了一串人。马大爷说，都挺好。就是王大娘一直都没收到儿子来信，又快过年了，天天念叨，又发怔了。马大爷还拿出一双棉鞋，说：“这是王大娘做的，让我捎给你的。”张思德捧着棉鞋，眼一下就湿润了。当时，他就叫来烧炭班的战士，说：“我们一块给王大娘写封信吧。”他们写道：“大娘：我们 11 个人，也就是你的 11 个儿子，都很惦念你……”这是张思德当兵以来第二次给亲人写信。第一次是写给六合场的母亲刘光友的，没有回音（也不可能有回音，因为没落款和地址），这算是第二次了。他们极力地动脑子，凑句子，想尽量安慰王大娘，好让她高高兴兴地过年。他们写道：“过了年，明年 8 月份，我们又要回去的，我们会去看您老人家……”

1943 年，张思德调到直属警卫队了，他再也没去过土黄沟。那双棉鞋他一直没舍得穿，直到他牺牲还崭新崭新的，裹在包袱里……

04 在领袖身边

给毛主席当卫士

1943 年 4 月，张思德被选调进中央警备团直属警卫队。直属警卫队员是专门担负中央核心领导的内卫工作的。其装备精良，一色的冲锋枪、快慢机，人称“钢盔部队”。被选调进的战士更是个个顶尖的优秀。

张思德以前送信，他多次经过毛主席等中央首长居住、办公的地方，凤凰山、杨家岭、王家坪，每每他都不由得驻足凝望。但见到这些领导人的机会极少，更无缘直接接触。在张思德心中，这些领导人是直接关系着中国革命事业的发展的。有时夜间送信，途经延河，他会站在延河边望着那些居住区的窑洞灯火沉思默想。他对身边的战士说："看，毛主席他们还在工作哩，他们操心的事太多了，全国的事，延安的事，打日本鬼子的事，反对国民党搞摩擦的事，哪一样不得认真考虑啊。我们一定要做好自己的工作，当个让毛主席放心的战士。"

张思德第一次见到毛主席并和他讲话，还是在王家坪建军委礼堂时。当时建这个大礼堂是一件大事，还是经过中央军委决定的。驻延安的各部队都抽调人员参加施工。张思德也被抽调去了。领导人对这项工程很关心，毛主席、朱总司令也常来施工现场，一般是下午来，来了还挖挖土、搬搬砖的。那时，战士们是不时兴主动围过去跟领导人打招呼的。张思德他们只能在远处看看，又赶快埋头干自己的工作。

上大梁的日子是盖房子的吉庆之日，那天，许多领导人都来了，毛主席、朱总司令也来了。总政副主任谭政陪着他们。

那时延安没有塔吊，上大梁很困难，他们用土办法，搭起木架，用绳子挂着往上吊。房子的立柱和吊大梁的木架都靠人用绳子四处拉着，以保持稳定。大梁拉上去了，先对好一头的榫，再对另一头。就在对另一头榫口时，榫头怎么也对不进去。正忙活着，就听“咔嚓”一声，不知木架的哪一处出了问题，整个架子随即摆动起来。毛主席和朱总司令都同声说：“不好！”当时在木架底下、立柱四周还有一二百人干活，要是塌下来，就出大事故了。

听到断裂声，下面的人都往外跑，拉绳子的人死命拉着没有动。当时，张思德在架子顶上作业。这当儿，只见他几步挪过去，使劲用肩一扛，把大梁托住，接过斧头，“啪、啪”几斧子，就把榫头对进了榫口。

整个房架一下稳住了，避免了一场事故。

毛主席在下边看得清清楚楚，问：“这个战士是谁？”身边的谭政说：“是警卫营的张思德。”毛主席“哦”了一声，从兜里掏出笔记本，嘴里念叨着“张—思—德”，在本子上记下了这个名字。毛主席对身边的人说：“这个战士值得我们学习。”

上完大梁后，毛主席让人叫过张思德。张思

德一头汗水跑到毛主席跟前，还没等他把敬礼的手放下，毛主席就把手伸过去，拉着他说："好样的，好样的。"欣赏地端详着他。张思德握着毛主席的手，激动万分，连声说："毛主席好！毛主席好！"他满脸通红，不知再说什么别的话了，只顾看着毛主席。

张思德终于面对面地看到毛主席了。他看到毛主席那平易近人的笑容，看到他那伟岸的身躯，看到主席身上的灰布衣服和衣服上的补丁……

张思德在延安看了电影《列宁在十月》后，最羡慕为列宁当警卫员的瓦西里。

1943 年 10 月，张思德的梦想成真了。中共中央书记处从杨家岭搬到枣园不久，他便当上了毛主席的警卫员。刚被评为"即知即行模范战士"的张思德感到光荣与压力并肩，在接受营长的"调动面谈"时，张思德喜极而泣，真不敢相信自己的耳朵。

枣园在延安城西北，距延安城七八公里远。毛主席的住处在枣园西北的半山坡上，院里坐北朝南是一排五孔窑洞，院西侧一排平房就是内卫班的宿舍。说是枣园，院里枣树并不多，倒是有不少杨树和大槐树。刚去时，正是槐树开花的时节，清风阵阵，甜香四溢。不久，中央书记处都搬到了枣园办公。一时间，内卫班的战士们被誉为“枣园哨兵”。

从张思德来到枣园的那天起，他便将八路军总司令朱德对警卫战士提出的“万无一失”的要求刻在心底。为此，他多次在毛主席居住处四周的几百米范围详细勘察，对四周的地形、地物、地貌了如指掌。他常对身边的同志说，毛主席的安全是头等大事，一点马虎不得。

那时的枣园没有电，到了晚上，院子里没有路灯，要是赶上阴雨天，站岗更会遇事难援。张思德爱动脑子，在一次班务会上，他提出试行“夜班带班员”制。带班员不固定岗位，是岗哨之间的移动联络岗。这样，夜间岗哨就形成了一个动静结合的警卫体系，提高了安全系数，增强了防卫能力。这样建设性的意见提出后，经全班讨论，上级批准，不久就具体落实了。张思德经常主动替班换班，遇有雨夜，他总是倒换出自己的白班，冒雨执勤，或是把休息娱乐的机会留给身边的战友。大家亲切地称他为“二班长”，班长更视他为好助手。

毛主席住东院，警卫班住西院，主席有事找人，站岗的同志总要绕到西院找人，有时一急就隔着墙大喊起来。这样既耽误时间，更影响主席工作。张思德又想到一个办法，他在东院的哨位上扯出一根绳子，绳子另一端悬垂一个铃铛拉到警卫班的墙上，遇上事就拉响这个铃铛，于是便有了“闻铃而动”的创意。张思德常说：“我们要保证主席的安全，还要保持主席工作环境的安静。”那时，主席经常关着门在窑洞里埋头写作，有时出来在院子里活动活动身体，做做深呼吸，或是在院外慢慢踱步，双手叉腰，目视远山，静静地在想着什么。警卫人员都知道主席是在思考大事，他们极力不弄出一点动静，以免打扰主席。主席在外面踱步，他们跟着，也总是保持一定的距离。

一次主席在院前平地上踱步，忽然一个趔趄。张思德以为是地面不平，马上跑过去，细一看，那里却是平平整整。事后，他就问老警卫员，主席是怎么啦？老警卫员告诉他，主席在杨家岭住的时候，得过寒腿病，有一阵子都下不了床，现在好多了。张思德听了很心疼，想尽办法要照顾好主席。主席经常到后山坡散步，他就和战友们在坡上修筑了一级级的台阶，想让主席上坡时省些力气。给毛主席当警卫员，要适应毛主席的特点。毛主席喜欢接近群众，一有机会就想和当地的老百姓交谈。散步时遇到老百姓，都要驻足说说话。有时走着走着，还能转到老百姓家里去。那时，毛主席还喜欢利用一切机会接近中间人士，做团结抗日的工作，这些都给警卫工作增加了一定的难度。

张思德站岗从不敢分神，他陪主席散步，神经也绷得紧紧的。一次主席在后山散步，碰到两个打猎归来的农民，就在树林里聊起来。张思德站在主席的侧后方，警惕地环视着四周，还得兼顾眼前这两个扛着猎枪的农民。这里地形不好呀！可张思德知道毛主席跟群众谈话时，最不喜欢警卫人员的干扰，他不能劝主席离开，只能紧紧地盯着这两个农民。一会儿，这两个农民主动告别了。往回走的路上，毛主席问："小张啊，你怎么那么紧张？"

张思德憨憨地笑笑，没答话。主席又说："你一紧张，我的客人就跑了。"张思德不好意思地低下了头。

张思德是个很内向的人，他很快意识到自己的表现影响了主席与群众的接触，但他认定，主席的安全是第一位的，任何时候都不能放松警惕性，这是自己的职责。可怎样才能放松一些，不影响主席与群众接触时的气氛呢？张思德反复琢磨，也和同志们商讨，很费了一番脑子。他极力在这方面锻炼自己，可终究也没能使自己真正放松起来。

刚到枣园的第一个春节，毛主席宴请枣园村的群众吃饭，内卫班参加了接待和警务工作。枣园的小礼堂里摆放着十多张餐桌，毛主席站在小礼堂门口的一张小桌前，迎候客人，跟前来赴宴的群众一一握手，祝贺问候。吃饭时和群众相互敬酒，毛主席说："我们是老邻居了，远亲不如近邻啊，你们就是我们最亲的人。"张思德那天也换上了新衣服，忙前跑后，欢欢喜喜，可警卫工作的职责使他一刻也没有松快，他心里的弦一直绷得很紧。对警卫工作的忠诚和责任感，使他养成了高度的灵敏和警觉，即使夜间入睡，院子里的一点风吹草动都能把他惊醒。一次刮风，老槐树上断了一根枝杈，张思德听到这个异常的响声，立即跑出来察看，直到查明原因才去睡觉。

给毛主席当卫士，除了在住地警卫外，主席外出时也要随时跟随。那时，毛主席到延安城里开会，乘坐的是一辆黑色大轿车。车是爱国华侨陈嘉庚先生赠送的。这辆车车体宽大，能坐 10 个人，车后侧有一块踏板，专供随车警卫站立。张思德常常争着站在这个位置。

在车外随车警卫是十分辛苦的。那时，延安的路况很差。晴天，土路上的浮土有寸把厚，车一开，尘土飞扬。张思德面向后方站立，警戒车后方，防止敌人从车后袭击。车尾卷起的黄土扑得他满头满脸，他连眼都不眨一下，警惕地注视着车和两侧。一趟外出归来，他总是一身尘土，鼻孔堵塞，双眼通红。冬天，寒风凛冽，车一开，风更大，穿着棉衣觉得比单衣还薄。手若不戴手套，抓到铁把手上有时能给粘下一层皮来。

1943 年的冬天，延安特别冷，雪多，滴水成冰，房檐、树梢都挂上了尺把长的冰凌。按规定，冬季执勤可以放下棉帽耳，张思德放下后，可总觉着影响视界和听力，怕遇到情况反应不快，就又把帽耳卷了上去，以后再没放下过。那年冬天，他的耳朵长满了冻疮。好几次，领导要换他，张思德却说："我就喜欢吹凉风。"领导态度坚决时，他不得不让，可下一趟，他又早早地抢占了这个位置。有一次，毛主席打开车窗，招招手，让他到车里去。张思德憨厚地笑了笑，仍是说："我就喜欢吹凉风。"还指着班里同志说："不信您问问他们。"

主席习惯夜间写作，常常写到凌晨才睡觉，一般上午 10 点左右才能醒来。这个时候，张思德他们非常认真，很怕有人来打扰主席睡眠。有人来，只要不是天大的急事，他们总是挡驾，劝说来人回去。主席夜间写作点过蜡烛、小油灯，到枣园后改用了罩子灯。开始曾用两盏，屋里亮多了，不长时间，因为煤油难买，又改成了一盏。夜间给油灯添油，白天把灯罩擦亮，便成为警卫战士每天必须做的工作。他们做得都很认真。用警卫战士当时的话来说，是"让主席的油灯永远明亮"。

战士们想得很实际，那就是为了主席的健康，灯亮一些，写字不累。张思德擦灯罩也很动脑子。他搞来一根粗铁丝，弯成一定的弧度，缠上布伸进去，就擦到罩内的各个角度了。后来这根粗铁丝便成了全班擦灯罩的专用工具。张思德擦灯罩都是擦三遍，第一遍用干布擦去罩内烟灰，第二遍用湿布通擦里外，第三遍再用干净的干布里里外外细擦一遍。这样擦的灯罩通明透亮，点起灯也不起水雾。为此，队里领导专门表扬过他，说张思德同志任何小事都干得细致、扎实。

有时，主席晚上写着写着东西，忽然想起什么事，要出去找人谈话。这时卫兵就提着马灯给主席照路。张思德提马灯也有独特的方法。他总是走在侧前方，提灯的手臂侧伸出去。他觉得，这样自己的影子才不会影响主席看路。

有次毛主席说："张思德，不必这样。你这样，胳膊就会有意见了。"他知道这是主席关心他，仍是没有说话，惯常地笑一笑，就放下手臂，一会，又伸出去，还照老样子办……

张思德在毛主席身边工作，强烈感受到毛主

席和老百姓的心贴得很近，一些看着不起眼的小事，都使他深深地受到触动。毛主席居住的院子前，有一片平地，警卫队在槐树上钉了个篮球筐，平时打球玩。一天，张思德几个正在玩球，主席过来了，问："小张呀，你们这几天吃到猪肉没有？"

"吃上了。"张思德回答。

主席说："在延安吃上猪肉不容易啊！人民养活我们不容易，把这一大片地开出来，能种不少菜哩。你们以后少打点篮球好不好？"

张思德马上立正回答："是！"转身就跑回班里，把毛主席的话讲给战友们。大伙一听，马上都拿起镢头过来刨地了。

3天后，他们开出一块方方正正的菜地，接着种上了土豆、白菜，还有主席最爱吃的辣椒。毛主席看了很高兴，又亲自动手种上了西红柿。战士们没种过西红柿，还是主席教他们怎样通风、打杈……那年秋天，有附近的老百姓来给毛主席送代耕粮，毛主席就摘了一布袋自种的西红柿，回赠给了他们。

一天晚上，张思德提着马灯陪主席外出办事。

毛主席问张思德："以后革命胜利了，有电灯、路灯了，就不用提马灯了。到那时候，你想干什么呀？"

张思德说："主席要我干什么我就干什么。"

主席说："那不成，自己的路要自己走啊。"

"那，我回家种田，孝敬母亲。她老人家一个人在家，还不知吃了多少苦哩。"张思德实话实说。没想到主席却夸奖了他："对呀，是得孝敬母亲。一个家庭，母亲不容易，很伟大。"张思德觉得毛主席和他的心贴得很近。

刚到枣园不久，有一次，张思德和小杨执勤，主席仍是天快亮才睡下，他俩唯恐有什么动静吵醒主席，十分小心。又有老百姓的鸡跑来了，他们悄悄地赶，以前轻轻一轰鸡就走了，大概是鸡跟人熟了，这次怎么赶也不走，有两只公鸡还追得母鸡"咯、咯、咯"地乱跑。他俩急了，使劲赶，赶出院外，小杨又追着轰，追得鸡"扑扑棱棱"地飞着叫着……这时，主席出来了。他俩明显看出，主席不高兴了。肯定是把主席吵醒了，主席才不高兴，他俩怯怯地站着，等着挨主席的批评。没料到主席却说："老百姓的鸡嘛，一吓就不下蛋了嘛。"张思德和小杨愣在那里了，好一会儿才回过神来：原来主席不高兴是为的这个呀。班务会上，张思德主动作了自我批评，检讨说，为毛主席站岗，就要把事情做到毛主席的心坎上。

又烧炭了

1944 年 7 月，警卫队队长古远兴找张思德谈话说："警备团领导通知，指名让你带两名同志到安塞去执行烧炭任务。去了，就服从中央办公厅同志的领导，具体要求由他们跟你谈。"古远兴还特别强调："这次是中央办公厅组织的烧炭队，是为党的七大召开做物资准备，你去了是代表着我们警备团的，要为全团争光。"

张思德是个老同志了，他不管在哪里工作，总是对领导的讲话认真领会、坚决执行。尤其是在枣园这一阶段，张思德不只是保持了他以往的那种工作精神，他的认识境界也有了一个飞跃。在枣园眼见的、耳听的许许多多的人和事，使他领悟到一个道理，再伟大的革命目标，也是靠一点一滴的具体工作去实现的。特别是领导人的言行，都强烈地感染着他。

那时，中央书记处也搬到了枣园办公。张思德除了天天能看到毛主席外，还经常碰到朱总司令、周恩来副主席、张闻天等中央首长。那么多他过去景仰的大人物，在平常的小事上都那样细致认真，使他深有感触。

1943 年年底，延安举行了陕甘宁边区生产展览会和第一届劳动英雄大会。在这个展览会上，展出了中央直属机关、军委直属机关、留守兵团直属机关和边区系统机关送来的各种产品，展现了边区“丰衣足食”的新面貌。展品中有一个挺大挺大的冬瓜，那是朱德总司令亲手种出的。一个参观者还写了一首诗：“工余种菜又栽花，统帅勤劳天下夸。愿把此风扬四海，逢人先说大冬瓜。”这首诗也放在大冬瓜的旁边。参观时，张思德在这个大冬瓜前，凝视了很久很久。

一个夏天的傍晚，张思德等几个警卫员陪毛

主席在延河边散步，碰到刚收工回来的一支变工队。变工队是毛主席号召组织起来的，这种组织形式对发展生产、提高边区的经济水平起了很重要的作用，毛主席一直很关心。见到变工队毛主席就主动地跟他们打招呼，农民们也都热情地围了上来。一个老农民告诉毛主席，搞互助合作变工队好啊，又指着两岸的庄稼说："你看，今年十有八九又是一个大丰收。"后面一个青年农民挤上来说："主席，我们有一个要求，可以提一提吧？"毛主席兴致很高，说："好啊，提吧！"青年农民说："这是我们变工队的共同要求，今年要代你耕两亩地。你腾出时间可以为我们办大事啊。"毛主席对这个农民说："谢谢你们啦，心意我领了，我自己的任务就得自己完成，就不给你们添麻烦了。"那些农民走了以后，毛主席又领着警卫战士到附近的庄稼地里看了看，毛主席对张思德他们说："他们说让我办大事，这大生产就是大事嘛。"又说："我们都要争当劳动英雄啊。"

主席掏出烟，要抽烟了。张思德忙掏出火柴，给毛主席点烟，他认出这是上午管理处和一个地方干部刚送来的那种烟，是边区甘肃金水县生产的一种叫“黎明牌”的香烟。那位地方干部说，这是刚生产出的一种新烟，请主席品尝品尝。张思德不懂烟，但看那“黎明”两个字，还是石模子印上的，烟纸也挺粗糙，觉着味道也好不到哪里去。但见主席抽得有滋有味，猛抽一口，微仰起头，再慢慢吐出，真像在“品尝”。主席还把烟卷凑到眼前，眯眼看了看，说：“好烟。烟好，名字更好，很有寓意嘛。”那天主席兴致很高，领着他们沿延河走了很远一段，才往回返。

1944 年春天，中央机关在枣园搞了个全机关的纺织比赛，张思德他们都去观看了。赛场上整齐地摆放着一架架新式纺车，一捆捆棉条有序地放在纺车旁。许多领导干部都参加比赛了，周恩来、任弼时也参加了比赛。张思德他们早就听说过他俩学纺线的故事。

说是有一天，他俩一块散步，遇到三五九旅旅长王震。王震见他二人衣着破旧，说：“你们怎么还穿得这么破，我上次送给你们的新棉衣呢？”一旁的警卫员说：“都送给下面的同志穿了。”这时，任弼时对王震说：“你一次次送东西，只能解近渴，不是长久之计。南泥湾的梢树林里不是有很多硬木料吗？你要真想着我们，就干脆支援我们一批纺车，也好让我们快一点‘丰衣’嘛！”周恩来也笑着说：“怎么样啊，王胡子？”不久，王震就真的给中央机关送来一批木质坚硬、做工考究的新纺车。还听说，周恩来和任弼时学纺线都是陈琮英（任弼时夫人）手把手教出来的哩。

那天比赛，上午 9 点开始，一声哨响，几十辆纺车齐转动，嗡嗡的，很有气势，很壮观。到中午 12 点，又一声哨响，谁也不准再纺了。评比小组接着就检查数量、质量。比赛中，周恩来胳膊有伤，伸不直，但不知为什么，他一手摇车，一手捻线，却配合得十分顺溜。任弼时同志高度近视，平时看人都恨不得凑到你眼前，但这次比赛，却微仰着头，眯着眼，不用细看，那棉线头一次没断，纺的线又细又匀。当天下午，评比结果出来了，周副主席和任弼时同志也获得了“纺线能手”的称号，还受到了物质奖励……

不能说哪个人、哪件事、哪句话对张思德影

响最深、教育最大。那是一种气息，一种氛围，是环境的熏染，是中国一批伟大人物巨大的人格力量的感染。那时，张思德是党小组长，党小组长要召集党员过组织生活，要找每个党员谈心，思想交流，学习汇报，批评与自我批评，他们自觉不自觉地都要把身边的这些人和事作为检查的参照。张思德在无形中接受了一种精神道德的洗礼，人也就更加“纯粹”起来……

张思德就是在这样一种心态和境界中到安塞去报到的。

中央办公厅的烧炭队大多数人都已到安塞石峡峪了，张思德在石峡峪的庙沟村找到了他们。烧炭队的队长说：“你就是张思德啊，我听你们团长说过，你烧炭技术很好啊，我们就是叫你们团派一个烧炭能手来当指导的。你就当这个烧炭队的副队长吧。”

张思德这才知道自己还有当指导的任务，忙说：“我也算不上什么烧炭能手，大家一块干吧。”又说：“今年三四月份，我在这儿开过荒，但对这里林木分布的情况还不太了解，我先调查调查吧。”

当天，张思德就展开工作，先找到庙沟村村长，让他带着进山调查林木分布情况。

石峡峪是一条南北走向的大山沟，两侧林木疏密不均，青冈木集中的地块不多。根据调查的情况，张思德建议烧炭队先集中在村后一块青冈木较集中的地方筑窑烧炭，便于培训骨干。后期再分散筑窑，尽量选用青冈木烧制，这样才能烧出上好的木炭。队长说："行，就按你说的办。"又对大伙说："以后都听张副队长的。"

张思德带队烧炭不是一次了。打窑、伐树、封火、出炭，这一道道工序安排得十分紧凑，教得很耐心，尤其在封火、出窑的时机上要求得十分精细。在他的指导下，全队的 9 个组很快都能独立作业了。中后期，各组便都分散打窑作业了。

虽然各组都能独立作业了，但张思德仍不放心，他要一个一个作业点地跑。一次他看到有个组伐来的木料中，有许多杨树。这种树木质疏松，烧不出好炭，就不满意了，说："还是要尽量多找些青冈木来烧，这样才能保证出好炭。"他知道大伙并不是不知道这个道理，而是青冈木少，要四处找，费事，人也更累，便说：“今天，我就在你们这儿，我们一块去找树。”张思德在这个组伐了一下午树，伐的全是青冈木或其他一些硬木。临走的时候，又说：“实在找不到青冈木，也得挑木质硬的。我们分散作业，全靠自己管自己啊。”烧炭队的成员都是从各单位抽调的，他们见张思德是个老同志，又是技术能手，说话办事这么朴实、在理，一点没有技术指导和副队长的架子，都很佩服。

张思德一边指导，一边又自带小白、小罗两个战士选址打窑、烧炭。大伙说：“你干好指导就行了，不一定还要自己烧。”张思德说：“我能顾得过来。”他把已调查好的青冈木相对集中的地方留给别的组，自己挑青冈木稀少的地方打窑。伐了树、点上火，他让小白、小罗守着，自己又到各个点去检查。

人们常见他一个人沟东、沟西、山上、山下来来回回地跑。孤身一人时，他也显得兴致勃勃。深寂的老梢林里时常会传来他唱得不怎么样的信天游小调……

后来，靠村子近的青冈木烧完了，他们就往

深山进军，越烧越远，晚上就在山上宿营了。烧出了一定数量的炭，他们就集中背运回村，补充些干粮再进山。

虽是秋天，但夜间山上已挺凉了。白天干活倒不觉什么，一到夜里就觉得挺孤寂。清冷的残月在西天挂着，山风从山林深处掠来，风声高一阵低一阵，或远或近，偶尔还传来野兽的吼声。

一天夜里，小罗醒了解手，忽然紧张地把张思德拽醒，一边还“张班长、张班长”地叫。张思德一惊，问：“怎么了？”小罗指着不远处的一丛树影说：“你看，那是什么？”树影里是一簇蓝幽幽的光。张思德揉揉眼，这才看清，那是一群狼，是狼的眼睛反光，估摸得有三四只。张思德点燃一根油松，举着火把，“嗷嗷”叫着向狼冲去，狼群一下吓跑了。张思德笑着对小罗、小白说：“怎么样？这东西怕火，一见火就跑了。”两个战士第一次见狼，躺下也不敢再睡了。张思德就索性在窑旁点起一堆篝火，安慰他俩：“没事，睡吧。”从那以后，他到别的组检查，每次都是天不黑就赶回来，他对小罗、小白放心不下。

烧炭后期那段时间，每晚，他们都是就着一堆篝火三人依偎着，度过冷寂的黑夜。张思德常常会讲起长征途中的艰难，说那时找一堆干柴生一堆篝火太难啦，现在可方便多了。他会从长征又讲到即将召开的党的七大，说：“这才几年，我们的队伍发展得这么大了。”又说：“七大代表是从各根据地来的，我们这些在延安的部队一定要好好招待他们，要烧出最好最好的木炭……”他说着说着，小白、小罗就打起了鼾，他把羊皮褥子给他们盖好，自己却不能入睡。他还担心，要是狼再来了呢？那段日子他常常是坐着，半睡半醒地迷糊一夜……

残月，冷风，苍茫黝黑的山林。篝火映照着张思德半坐半睡的背影——这就是张思德最后留给战友们的形象记忆。

永恒的祭文

1944 年 9 月初，烧炭队的任务接近尾声。为了能够储备更充足的木炭，张思德和队长商量后，决定再组织个临时突击队，由张思德负责再挖几个窑，多烧些炭。突击队分成3个组，张思德和白满仓一个组，他们合作很默契，干得特别起劲。连续3天的小雨，令整个山林雾气萦绕，树丛上、杂草间的露水把战士们的衣服鞋帽都打湿了，大家的热情愈加高涨，向着最后的胜利勇敢进发。

5日清晨，伴着蒙蒙细雨，张思德和小白这一组工作效率最高，两人一里一外，配合密切，窑越挖越深，汗水浸湿了张思德的衣衫，小白在洞口喊："班长，换我上吧，你出来歇会儿。"窑洞里传出张思德气压闷低的嗓音："不用，不累。"

一阵疾风过后，雨点越来越大。张思德听到小白在洞口又喊："班长，雨越来越大了，你快出来吧。"没过一会儿，张思德从窑洞里拿出一条麻袋钻了出来，披在小白身上。看着满脸黑泥的张思德，小白嘿嘿傻笑，推让说："班长，我不冷。"说着，小白脱下麻袋，就往洞里钻，却被张思德一把拦下，不由分说地硬把小白拽了出来。张思德说："越深越难挖，你没我经验多，你先学着，下次你上。”张思德钻在洞里，弯着腰，蹲到只有半人高的小窑里，在窑壁用小镢头一下一下细细地刨起来。小白在洞口用铁锨一锨一锨地将泥土扔到窑外。雨滴还在敲打着窑顶，张思德和小白紧张有序地忙碌着。

“班长，咱们什么时候能回延安？”

“收完庄稼，烧完炭，咱就回。”

“班长，你听过毛主席的报告吗？”

“听过，咱们回去又能听到毛主席的声音啦！”

“要是见到毛主席用上咱们烧的炭烤火，那更开心！”

接近中午，又一眼新窑即将收工。为了保证质量，张思德还在精修着窑壁，刨平修光，一处不落。突然，窑顶噼啪掉下了几块碎石。张思德发现异常后，大喊一声：“小白！快跑！”小白还没来得及反应，就被张思德眼疾手快地推出洞口。

由于顶坡经雨水久淋，土质泛潮，越发软松，就在这时，一声轰隆巨响，2 米多厚的窑顶塌了下来，小白在窑口被压住半截身子。当他回头望向身后时，小白只看到坍塌下来的窑土和层层腾起的灰尘。

“班长！班长！”小白撕心裂肺地呼救：“来人啊！救命啊！”呼喊声穿过深谷，越过山林，战士们从四面八方循着小白的声音赶来。

大家看到小白时，他的脸已憋得青紫，动弹不得。战士们一边使劲用手扒开埋在小白身上的窑土，一边拼命往外拽他。

“别管我！张班长还在里面，你们快去救他！”小白的脸上满是血水、泪水和泥浆。

老乡们都闻讯赶来，人们拼命刨土，争分夺秒，泥手、血手都在不停地扒土。大家挖到张思德时，他正盘腿坐着，一把镢头柄死死地顶住他的胸口，他眼睛紧闭，脸色乌紫，嘴角渗出了殷殷血渍，已经停止了呼吸。

张思德牺牲了，任凭战友老乡们震颤天地的哭喊声，都无法将他再唤醒。29岁的年轻生命，为了人民的利益，为了革命的需要，甘愿献出了自己平凡而伟大的一生。

深夜，毛主席的煤油灯不时在掉落油滴，警卫队队长古远兴悄声走进窑洞，默默站在仍在批阅文件的主席身边。

“有什么事吗？”主席问。

古远兴轻声说：“报告主席，张思德牺牲了。”刚得到噩耗的古远兴第一时间向主席报告，张思德是主席内卫班的战士，平日里主席最欣赏的也是张思德。

毛主席慢慢放下手中的笔，双手撑着桌面站起来，听完了古远兴的汇报，他痛惜又带责备地说：“打仗死人是难免的，生产出事故是不应该的。”

主席点燃一支烟，凝望窗外，问道：“张思德现在在什么地方？”

“还在窑洞里。”古远兴感觉到主席批评的意思，慢慢低下头。

“这怎么能行呢？”毛主席生气了，“要赶快挖出来，放哨看好。”

古远兴没料到主席发这么大的脾气。主席又问：“他的后事，你们怎么处理呀？”古远兴想也没想，就说：“就在当地安葬。”

“不行！赶快派人，把他抬回来！”主席沉思了一会儿，又扳着手指头向古远兴交代："第一，把张思德身上擦干净，给换上新衣服；第二，买口好棺材，运回延安；第三，要开追悼会。我要去讲话。"

毛主席还亲自给机要科长叶子龙打电话，要他派汽车把张思德的遗体运回来。在艰苦的战争环境，处理后事一般从简，这次主席这么重视，是所有人都没有想到的。

张思德同志牺牲后的第三天，1944 年 9 月 8 日，中共中央社会部和中央警备团为张思德举行了追悼大会。

会场设在枣园沟口的操场上。操场前方有战士们连夜垒起来的土台子，上面搭着棚布，悬着"追悼张思德同志大会"的黑布横幅。台正中悬着一面鲜艳的党旗，党旗下是张思德的遗像。遗像旁边，土台四周，摆满了各单位送来的各式各样的花圈、花束，红的、白的、黄的、绿的，这些野花和枝叶都是战士们和机关同志上山采来的，还带着泥土的气息。

会场布置简单却显得隆重，简洁却充满生气。

毛主席个人献的花圈放置在土台的前方。花圈上悬挂着毛主席亲笔题写的挽词："向为人民利益而牺牲的张思德同志致敬。"

中午12点以后，参加追悼会的中央警备团的官兵，中央机关在杨家岭、王家坪、枣园的同志，以及枣园乡的群众代表，陆续来到会场。延安的天空灰蒙蒙一片，秋风扫过，会场一片肃穆，沉痛无声。

下午1点多钟，参加追悼会的1000多人刚刚到齐，毛主席在李克农、杨尚昆等人的陪同下，从枣园的住所缓缓向会场走来。他脸色庄重，脚步缓慢，拿起自己赠送的花圈，轻轻地放到张思德遗像前，低头默哀。中央警备团团长兼政委吴烈宣布追悼大会开始，毛主席与大家起立，向张思德遗像鞠躬、静默后，警备团政治处主任张廷桢致悼词。致辞毕，毛主席走上祭台，神情凝重，开始了即席悼念讲话：

我们的共产党和共产党所领导的八路军、新四军，是革命的队伍。我们这个队伍完全是为着解放人民的，是彻底地为人民的利益工作的。张思德同志就是我们这个队伍中的一个同志。

人总是要死的，但死的意义有不同。中国古时候有个文学家叫做司马迁的说过：人固有一死，或重于泰山，或轻于鸿毛。为人民利益而死，就比泰山还重；替法西斯卖力，替剥削人民和压迫人民的人去死，就比鸿毛还轻。张思德同志是为人民利益而死的，他的死是比泰山还要重的。

因为我们是为人民服务的，所以，我们如果有缺点，就不怕别人批评指出。不管是什么人，谁向我们指出都行。只要你说得对，我们就改正。你说的办法对人民有好处，我们就照你的办。“精兵简政”这一条意见，就是党外人士李鼎铭先生提出来的；他提得好，对人民有好处，我们就采用了。只要我们为人民的利益坚持好的，为人民的利益改正错的，我们这个队伍就一定会兴旺起来。

我们都是来自五湖四海，为了一个共同的革命目标，走到一起来了。我们还要和全国大多数人民走这一条路。我们今天已经领导着有九千一百万人口的根据地，但是还不够，还要更大些，才能取

为人民服務
毛泽东

得全民族的解放。我们的同志在困难的时候，要看到成绩，要看到光明，要提高我们的勇气。中国人民正在受难，我们有责任解救他们，我们要努力奋斗。要奋斗就会有牺牲，死人的事是经常发生的。但是我们想到人民的利益，想到大多数人民的痛苦，我们为人民而死，就是死得其所。不过，我们应当尽量地减少那些不必要的牺牲。我们的干部要关心每一个战士，一切革命队伍的人都要互相关心，互相爱护，互相帮助。

今后我们的队伍里，不管死了谁，不管是炊事员，是战士，只要他是做过一些有益的工作的，我们都要给他送葬，开追悼会。这要成为一个制度。这个方法也要介绍到老百姓那里去。村上的人死了，开个追悼会。用这样的方法，寄托我们的哀思，使整个人民团结起来。

主席没有讲稿，他要讲的话早已酝酿在心，毛主席亲自参加张思德同志的追悼大会，并在追悼会上发表演讲，很快轰动延安，传遍全国各抗日根据地。作为一个普通战士，享此殊荣的，在我党我军历史上仅张思德一人。

我军是新型的革命军队，军民一致、官兵平等是我军的鲜明特征。尤其在艰难困苦时期更要团结一心，共同奋斗。全国各界都深深感到领袖对一名战士的真切关爱。牺牲一名战士，毛主席也是疼在心上，这正是我们革命队伍的凝聚力所在。人们都从各自的感受出发，去理解毛主席这篇讲演的内涵，都能从中找到个人与领袖的情感共鸣。正是这样情感的融通，促使他们按照这篇讲话的方向去努力实践，又在实践中加深了认识。

这篇重要著作和演讲，它所体现的真知灼见，经过一代又一代中国共产党人的实践，深深地影响和感染着中国人民。毛主席这篇演讲深刻阐述了一名革命者的生死观、价值观，具有深刻的现实意义和历史意义。为人民服务，看似简单的文字，字里行间凝结的是共产党和共产党人的世界观、无产阶级立场、观点和无产阶级属性，它之所以成为人民群众心系不忘的概念，被视为共产党人先进性的词语，无不与毛泽东、周恩来、张思德、焦裕禄、雷锋及无数共产党人全心全意为人民服务的表率作风密切联系。

张思德正是这样的人，关键时刻他敢于自己死、战友生，个人死、国家生，从而将忠诚于党的誓言化作血性壮举，在为党为民的光荣献身中实现精神永生。他的一生，充分昭示了无产阶级革命政党及其人民军队的历史使命、为谁革命、为谁服务的重大问题。全心全意为人民服务，成为中国共产党不断奋勇前进的光辉旗帜。

05 尾 声

毛泽东主席在张思德同志追悼大会上的讲演，经整理后，以《为人民服务》为题，发表在延安《解放日报》和国民党统治区《新华日报》等报纸上。早在 1939 年毛泽东致信张闻天，就首次提出了“为人民服务”的概念，这次演讲，是第一次从理论上阐明了为人民服务的思想。10 天后，他又发表了《坚持为人民服务》的讲话，指出“我们的每一个指战员以至每一个炊事员、饲养员，都是为人民服务的”。不到 1 个月，毛主席在接见新闻工作者时指出，三心二意不行，半心半意不行，一定要全心全意为人民服务。从此，“为人民服务”表述为“全心全意为人民服务”。在党的七大政治报告《论联合政府》中，毛泽东又强调：“全心全意地为人民服务，一刻也不脱离群众；一切从人民的利益出发，而不是从个人或小集团的利益出发；向人民负责和向党的领导机关负责的一致性；这些就是我们的出发点。”党的七大把“中国共产党人必须具有全心全意为中国人民服务的精神”写入了党章，以党的根本大法的形式对“全心全意为人民服务”的宗旨加以确认。

1954 年，“为人民服务”又写入宪法，成为中华人民共和国国家机关及其工作人员的法定义务。《中华人民共和国宪法》第十八条规定：“一切国家机关工作人员必须效忠人民民主制度，服从宪法和法律，努力为人民服务。”中华人民共和国成立后，各级党政机关及其工作人员都将其作为座右铭和行动口号。北京中南海镌刻在新华门照壁上的“为人民服务”，成了党和人民政府的显著标记。

翻开辉煌的历史画卷，中国共产党人一路风雨披荆斩棘，一路进击穿越黑暗，出现了无数个像张思德那样的共产党员，他们身上都有一颗红心一以贯之，他们一次次把“全心全意为人民服务”深深地镌刻在鲜红的党旗上，为共产党人执政为民的旗帜添上了一抹耀眼的亮色。

为人民服务，不是一个华丽的装饰，而是一个政党千锤百炼的对人民的赤诚。历史一次次证明，中国共产党之所以能够久经考验而不衰，就是因为代表人民的利益，紧紧地和人民站在一起，得到了人们的拥护。习近平总书记强调:“始终坚持全心全意为人民服务的根本宗旨，是我们党始终得到人民拥护和爱戴的根本原因，对于充分发挥党密切联系群众的优势至关重要。我们任何时候都必须把人民利益放在第一位，把实现好、维护好、发展好最广大人民根本利益作为一切工作的出发点和落脚点。”全心全意为人民服务已然成为中国共产党的立党之本，成事之基，制胜之道，成为我党我军从事全部事业的出发点和归宿。

“为人民谋幸福，是中国共产党人的初心。我们要时刻不忘这个初心，永远把人民对美好生活的向往作为奋斗目标。”不忘初心，坚持以人民为中心的立场，牢记使命，践行我们党的宗旨——全心全意为人民服务，就是实现中华民族的伟大复兴最强大、最可持续的动力源泉。忘记人民的政党，必将被人民唾弃，忘记英雄的民族，必将被历史埋葬。我们要向张思德同志学习，坚持立党为公、执政为民，自觉践行全心全意为人民服务的根本宗旨，把党的群众路线贯彻到治国理政全部活动之中，把人民对美好生活的向往作为奋斗目标，依靠人民创造历史伟业。我们相信，共产党人的崇高追求不会改变，张思德等英烈锻造的伟大精神旗帜必将永远激励我们奋勇向前。

后　记

张思德将最宝贵的记忆留寄我们，时光的窖藏，令其精神醇厚弥香，强壮着一代代革命者的筋骨，积蓄起共产党人的意志力量。把炉火烧旺，将灯盏拨亮，我们化身持灯的使者，信仰信念如铁，纪律担当在肩，走进张思德，学习张思德，成为张思德。

为了战旗如画的誓言，为了万家灯火的愿景，其实，我们身边早已到处都有“张思德”。在边防哨所，高原缺氧，抑或寂寞岛礁，只要祖国需要，我们的战士无怨无悔、宁守此生；在救灾一线，哪里有险情，哪里就有中国军人逆行的身影，命悬一线，也要把生的机会留给他人。每一顶带有五角星的帽徽下，都有张思德的身影，为祖国、为人民，他们愿付出生命。他们的名字，穿越时空；他们的人格，熠熠生辉。

再讲张思德时，我的双眼时常有泪盈眶，驻笔思忖时，常为那些年代已久却温暖至今的故事感动不已。在这里，要感谢曾为张思德著书立传的作家编者们，在此基础上对《张思德》一书进行了适当调整和补充，主要参考资料有：中国人民解放军挂像英模传记丛书《张思德》（严玉树著/蓝天出版社），《张思德的故事》（阿垠著/中国社会出版社），《张思德》（申强著/二十一世纪出版社），《张思德传》（陈惠方、廖可铎著/解放军出版社），《为人民服务的光辉典范·张思德》（中国人民武装警察部队政治部编研部编），《红军在仪陇》（罗兴礼主编/四川人民出版社），《中国人民解放军历史资料丛书·红军长征》（中国人民解放军历史资料丛书编审委员会编/解放军出版社）等。

在编写过程中，得到军事科学院军队政治工作研究院沈志华院长、崔连杰政委的大力支持，解放军党史军史研究中心郭志刚主任、曲宝林副主任给予了具体的指导和帮助。成稿之后，还请姜铁军、翟清华、张从田、武运鄂、褚银、康月田等多位专家学者进行了审读。

在此，谨向关心和帮助本书写作的各位领导、专家学者，以及上述作者、编辑致以最诚挚的谢意！

编　者

2018年12月

图书在版编目（CIP）数据

张思德 / 军事科学院解放军党史军史研究中心编写组编著. --北京：学习出版社，2019.5（2021.5 重印）
（中华先烈人物故事汇）
ISBN 978-7-5147-0917-9

Ⅰ.①张… Ⅱ.①军… Ⅲ.①张思德（1915-1944）—传记 Ⅳ.①K825.2

中国版本图书馆CIP数据核字（2019）第091148号

张思德

Zhāng Sīdé

军事科学院解放军党史军史研究中心编写组

责任编辑：王　洋　　封面绘画：刘书移
技术编辑：周媛卿　聂夏菲　　内文插图：韩新维
美术编辑：杨　洪

出版发行：学习出版社
北京市东城区崇外大街11号新成文化大厦B座11层（100062）
010-66063020　010-66061634　010-66061646
网　　址：http://www.xuexiph.cn
经　　销：新华书店
印　　刷：北京盛通印刷股份有限公司

开　　本：787毫米×1092毫米　1/32
印　　张：5.375
字　　数：76千字
版次印次：2019年5月第1版　2021年5月第13次印刷

书　　号：ISBN 978-7-5147-0917-9
定　　价：21.00元